Louis Vitet

Les Peintres Flamands et Hollandais en Flandre et en Hollande

Beaux-Arts

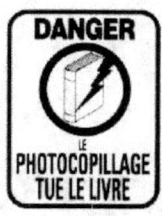 Le code de la propriété intellectuelle du 1er juillet 1992 interdit en effet expressément la photocopie à usage collectif sans autorisation des ayants droit. Or, cette pratique s'est généralisée dans les établissements d'enseignement supérieur, provoquant une baisse brutale des achats de livres et de revues, au point que la possibilité même pour les auteurs de créer des œuvres nouvelles et de les faire éditer correctement est aujourd'hui menacée. En application de la loi du 11 mars 1957, il est interdit de reproduire intégralement ou partiellement le présent ouvrage, sur quelque support que ce soit, sans autorisation de l'Éditeur ou du Centre Français d'Exploitation du Droit de Copie , 20, rue Grands Augustins, 75006 Paris.

ISBN : 978-1976289194

10 9 8 7 6 5 4 3 2 1

Louis Vitet

Les Peintres Flamands et Hollandais en Flandre et en Hollande

Beaux-Arts

Table de Matières

I. Les Van Eyck Hemling 6

II. Rembrandt et Van der Helst les Hollandais 36

I. Les Van Eyck Hemling

Notre musée du Louvre est, à coup sûr, un des plus riches qui soient au monde. Pour qui veut étudier soit les maîtres italiens, soit la peinture hollandaise et flamande, soit, à plus forte raison, notre peinture française, il n'est pas d'enseignement plus sûr, plus varié, de collection mieux assortie en œuvres rares et vraiment authentiques. Quiconque cependant n'aurait vu que le musée du Louvre, l'eût-il revu cent fois, se ferait l'idée la moins complète, et partant la moins juste, du véritable caractère, de la physionomie propre, des traits individuels qui ont distingué l'art de peindre dans les diverses contrées d'Europe.

Pour ce qui regarde l'Italie, cela se comprend sans peine. La fresque occupe en ce pays, et notamment à Florence et à Rome, une place si considérable dans l'ensemble des œuvres de peinture, les véritables grands maîtres, les plus suaves comme les plus hardis, sont tellement au-dessus d'eux-mêmes quand ils pratiquent cette façon de peindre, ils l'ont presque tous adoptée avec un tel amour, une telle préférence, qu'évidemment, en-deçà des monts, nous sommes condamnés à n'avoir dans aucun musée un fidèle et complet témoignage de leur génie tout entier. Il faut, bon gré, mal gré, les aller voir sur place, devant ces murailles qui ne voyagent pas. Tant que nous les jugeons sur leurs panneaux et sur leurs toiles, nous ne connaissons, à vrai dire, que la moindre partie, la face la moins noble, la moins originale et la moins éloquente de l'art italien.

Ce qui devient d'une explication moins facile, c'est que, dans cette même Italie, il est des lieux où la fresque fut à peine en usage, comme Venise par exemple, et que là nous marchons aussi de surprise en surprise devant de simples tableaux à l'huile. Les maîtres les plus célèbres et les plus répandus en Europe, ceux dont partout on croit le mieux connaître le talent, se montrent là sous un jour tout nouveau. On fait devant leurs œuvres de véritables découvertes. Est-ce l'influence du climat, l'effet de la lumière, la présence des lieux où sont nées ces peintures ? Est-ce le choix plus nombreux, la variété plus abondante des œuvres de chaque maître, et une certaine harmonie locale qui prédispose à mieux sentir et à mieux admirer ? Je ne sais ; mais il n'est pas un voyageur qui n'en ait fait l'expérience : nulle part comme à Venise on ne comprend, on n'aime, on n'apprécie les maîtres vénitiens.

Eh bien ! il faut en dire autant des Hollandais et des Flamands. Eux aussi, ce n'est vraiment qu'en Flandre et en Hollande qu'on arrive à les bien connaître. Ils sont pourtant goûtés, recherchés, admirés en tout pays, en tout climat, ces enfants gâtés de la mode ! De toutes les peintures, c'est bien là la plus cosmopolite, celle qui répond partout au goût du plus grand nombre, et qu'à New-York, aussi bien qu'à Paris, on se dispute au prix des plus grandes folies. Ces merveilleux petits chefs-d'œuvre ont, dans le monde entier, surtout depuis quinze ou vingt ans, une valeur marchande non moins certaine, non moins universelle que les pierres fines et les métaux précieux. C'est vraiment au carat qu'on les achète et qu'on les vend, et même ils ont cet avantage sur les autres matières d'affinage et de joaillerie que la mine en est épuisée, et que ni le Pérou ni la Californie n'en peuvent fournir de nouveaux. On croirait donc que des trésors d'un prix si bien connu devraient, à peu de chose près, sauf les variations du change, avoir sur tous les marchés du monde non-seulement même valeur, mais aussi même beauté ; il n'en est rien pourtant. Ils ont un attrait de plus ; un charme incomparable dans leur pays natal. Ce n'est point prévention, c'est pure vérité. Il faut voir en Hollande Paul Potter et Rembrandt, aussi bien que Titien à Venise.

Bien d'autres avant moi ont fait cette remarque, et moi-même, depuis déjà trente ans, j'en ai plus d'une fois vérifié la justesse, sans que l'idée me soit venue d'en entretenir le public ; mais tout dernièrement, pendant quelques journées passées aux Pays-Bas, ce lieu-commun s'est rajeuni pour moi d'une façon si saisissante qu'on me pardonnera, j'espère, d'en chercher ici les raisons.

Ce n'est pas seulement chaque maître en particulier qui, sous le reflet de ce ciel un peu pâle, même en ses meilleurs jours, dans cette atmosphère de canaux, au milieu de ces maisons proprettes, ombragées et luisantes, paraît mieux à son jour, plus en valeur, plus attrayant ; c'est l'école elle-même, ou plutôt ce sont ses deux branches qui, vues dans leur ensemble, dans leur complet développement, depuis leur commune racine jusqu'à leur dernier rameau, prennent une ampleur, une importance, une richesse traditionnelle et hiérarchique dont ailleurs que dans le pays même on ne peut avoir aucun soupçon.

Trois causes principales mettent, à mon avis, la Flandre et la Hollande hors de pair avec tous les pays réputés les plus riches en tableaux hollandais et flamands.

La première est qu'on ne peut voir qu'en Flandre cinq ou six vieux chefs-d'œuvre, derniers et incomparables témoins de l'art flamand primitif ; la seconde, qu'au XVIIe siècle, à son âge viril, ce même art a produit en Hollande certaines œuvres vraiment exceptionnelles et par la dimension des toiles et par la puissance du pinceau, œuvres restées dans le pays, destinées à n'en jamais sortir, et qui révèlent chez ceux qui les créèrent des dons et des facultés qu'ailleurs on ne leur connaît pas. Vient enfin la troisième cause, qui risque par malheur de disparaître un jour, et qui déjà s'est beaucoup affaiblie : je veux parler des collections particulières que l'esprit de famille a sauvées jusqu'ici, dernier reste des nombreux cabinets formés il y a deux siècles, aux jours les plus brillants de l'école hollandaise ; petits musées harmonieux et épurés, où chaque maître semble avoir travaillé pour un ami ou pour un bienfaiteur, et s'est comme efforcé de dire son dernier mot.

Il y a là, comme on voit, trois sortes de privilèges dont la Belgique et la Hollande sont seules en possession et qui leur garantissent le pèlerinage obligé de quiconque veut connaître à fond les origines, les diversités et les perfections de leur féconde et ingénieuse école. Reste à mieux indiquer et à suivre avec quelque détail ces trois divisions que je viens de tracer.

Ce n'est pas sans raison et par vain plaisir d'érudits qu'aujourd'hui la plupart des critiques ont en si grande estime les œuvres des vieux maîtres. Même indépendamment de leur propre valeur et des beautés naïves qu'on ne trouve que là, les premiers essais d'une école sont, pour les œuvres de sa maturité, tout à la fois un titre de noblesse et le plus attachant commentaire. Glissez sur Cimabue, sur Giotto, sur cette longue série d'artistes qui ont précédé, préparé et comme engendré Léonard, Raphaël et Titien : que devient l'histoire de la peinture italienne ? Vous en supprimez l'intérêt et la vie. L'ère de la perfection, cette ère fugitive et brillante, n'apparaît plus que comme un météore imprévu, isolé, que rien n'explique, qui ne se lie à rien. Aussi Lanzi lui-même et les critiques de son école, tout dédaigneux qu'ils sont de l'archaïsme, se gardent bien de mettre absolument dans l'ombre l'archaïsme italien. Ils ont certains égards pour les *quatrocentistes* et même pour les *trecentistes*. Sans leur rendre complet hommage, on voit qu'ils comptent avec eux, et tout au moins ils prononcent leurs noms. Pour les Pays-Bas, au contraire, jamais on n'a pris tant de peine. Qui s'inquiète en Europe de la généalogie de Terburg, de Metzu, de Ruysdaël ou d'Hobbema ? Quel cabinet, quelle galerie les met en compagnie de leurs ancêtres légitimes, des premiers maîtres de leur art national ? On les traite en enfants trouvés, on ne voit, on n'admire que leurs œuvres sans s'informer de leurs aïeux. N'en serait-il pas autrement, si ces aïeux nous étaient mieux connus, si des liens plus visibles unissaient l'une à l'autre ces deux générations d'artistes que deux siècles séparent ? Quelle source nouvelle d'observations et d'études dans cette noble filiation ? D'où vient qu'elle est comme ignorée, et que si peu de gens pensent aux deux van Eyck en admirant leurs fils ?

C'est que rien n'est plus rare qu'un van Eyck véritable, et que les faux van Eyck ne donnent guère envie de connaître les vrais. L'Italie, sur ce point, est encore beaucoup mieux partagée. Ses peintres archaïques ont ce grand privilège, que, même quand ils sont médiocres, ils n'ont pas l'air barbares. Un certain reflet d'idéal protège leur médiocrité. Les misères de leur coloris, les faiblesses de leur dessin, sont comme déguisées par le charme et par la noblesse des types qu'ils imitent et des traditions qu'ils respectent. Il n'y a pas sous cet heureux ciel complète disparate entre les chefs d'école et leurs humbles imitateurs, tandis qu'en Flandre, et dans le Nord en général, l'archaïsme, lorsqu'il n'est pas de premier ordre, tombe aussitôt presque au dernier. La distance est immense entre le maître, et l'apprenti : dès qu'on sort des chefs-d'œuvre, on tombe dans les platitudes, non qu'il n'y ait encore, même aux rangs secondaires, un certain éclat de palette et le précieux du pinceau ; mais la pensée, le sentiment sont dépourvus de justesse aussi bien que d'élévation : c'est une imitation de la nature minutieusement littérale, à la fois lourde et affectée, qui, sous prétexte d'expression, tombe souvent dans la grimace et parfois dans la caricature. De vieux flamands de cette sorte, on en rencontre en tous pays : je ne

I. Les Van Eyck Hemling

sais guère un musée qui n'en possède quelques-uns et qui ne les décore des noms les plus pompeux ; mais les véritables maîtres, les vrais fondateurs de l'école, les deux van Eyck par exemple, quelles sont les galeries d'Europe qui enseignent à les connaître ? Ce n'est pas notre Louvre, bien que je croie à l'authenticité de ce petit tableau, le seul dont chez nous on fasse honneur à Jean van Eyck ; ce n'est pas même le musée de Munich ni celui de Berlin, bien qu'ils soient l'un et l'autre, et le dernier surtout, plus riches en ce genre qu'aucun autre : c'est avant tout une église de Flandre. Là seulement les deux patriarches de la peinture moderne se révéleront à vous dans leur toute-puissance, dans leur éblouissante naïveté.

Supposez qu'il n'y ait pour un voyageur aucun motif d'aller à Gand, que cette grande ville, plus d à moitié moderne, ne soit ni la patrie de Charles-Quint, ni l'ancien et tumultueux théâtre des mémorables luttes de la bourgeoisie flamande ; qu'elle n'ait conservé pas un pan de muraille historique, ni son beffroi, ni son hôtel de ville, pas un de ses canaux ni de ses anciens ponts, pas un de ses pignons sculptés à l'espagnole ; que dans ses rues longues et tortueuses il n'y ait plus rien à voir que de rares habitants : il n'en faudrait pas moins venir à Gand, ne fut-ce que pour passer deux heures, à Saint-Bavon. À lui seul, Saint-Bavon vaut vraiment le voyage, moins pour l'édifice lui-même que pour. le trésor qu'il renferme. C'est une grande église, svelte, hardie, comme toute église du XVIIIe siècle, mais habillée à la moderne au moins jusqu'à la ceinture. Si vous levez la tête, vous reconnaissez les voûtes, les arêtes, les nervures, les chapiteaux du grand siècle de l'art chrétien ; si vous regardez devant vous, tout est changé ; plus d'élégance, plus de légèreté ; les supports élancés qui soutiennent la voûte sont comme emprisonnés jusqu'au tiers de leur hauteur par un épais revêtement de marbre noir et blanc, dressé, taillé, sculpté dans le goût et selon les profils de la renaissance espagnole. Cette décoration se prolonge sur le chœur tout entier, en dehors comme en dedans, et sur toutes les chapelles latérales. On dirait une église tendue de deuil en permanence, tenture magnifique, imposante, mais froide et lourde encore plus que lugubre. Ce n'est pas pour cette marbrerie, si précieuse et bien travaillée qu'elle soit, que je vous ai fait venir, pas même pour ce long cordon d'écussons peints et dorés qui sert de couronnement à l'intérieur du chœur : bigarrure pittoresque et curieux assemblage, qui nous rappelle que Philippe II a tenu dans ce chœur un splendide et dernier chapitre de l'ordre de la Toison-d'Or. Rien de plus fier, de plus original, comme ornement d'église, que cette frise héraldique ; mais nous avons mieux à faire que d'en étudier les blasons. Je vous conduis à l'une de ces chapelles aux portes de bronze et aux cloisons de marbre, la cinquième a main droite, à partir du transept. Si le bonheur veut qu'il soit quatre ou cinq heures du soir, par un beau jour d'été, un rayon lumineux frappera la muraille qui surmonte l'autel et qui vous est cachée par quatre rideaux verts. Peu à peu, grâce au suisse dont vous êtes suivi, ces rideaux tomberont, et les quatre tableaux qu'ils recouvrent s'illumineront pour vous.

Je me souviens du jour où, à cette même heure, je vis pour la première fois s'écarter ces rideaux. Je n'étais pas préparé. Je m'attendais à une de ces œuvres dont je parlais tout à l'heure, à un van Eyck, ou soi-disant tel, brillant, haut en couleur, ingénieusement peint, mais sec, anguleux, trivial. Quelle fut ma surprise ! J'avais devant les yeux une scène splendide, une vision du paradis, des visages célestes, des regards séraphiques, et un art, un dessin, un coloris aussi souple que solide, aussi moelleux que précis, tous les dons en un mot de la grande peinture, et les dons les plus opposés. Sans la disposition un peu trop symétrique de quelques groupes de bienheureux, sans les contours un peu trop arrêtés de ces délicieux fonds de paysage, jamais je n'aurais pu dire de quel âge était cette peinture. Pour la croire quatre fois séculaire, ce n'était pas trop de ces traces d'inexpérience ou de fidélité à d'antiques traditions se mêlant aux perfections techniques d'un art tout à la fois si précoce et si consommé. Me dira-t-on que c'était la surprise qui m'avait disposé à tant d'admiration ? Non, car j'ai maintes fois recommencé l'expérience sans être moins enthousiasmé, et c'est peut-être encore à la dernière épreuve que j'ai senti la plus vive impression.

J'hésite en vérité à décrire ce chef-d'œuvre, tant il est célèbre et connu. On en sait le sujet : c'est l'adoration de l'Agneau, de l'Agneau pur et sans tache, forme mystique du Sauveur du monde. L'Agneau est sur l'autel, au centre de la composition ; les premiers qui l'adorent sont des anges, splendidement vêtus, l'encensoir à la main ; après les anges, à genoux et en demi-cercle, les patriarches,

I. Les Van Eyck Hemling

les prophètes, les apôtres et les confesseurs ; puis, derrière eux, toute la milice de Jésus-Christ, les papes, les docteurs, les ermites, les pèlerins, les femmes saintes, les vierges martyres, s'acheminant pour adorer l'Agneau des quatre coins du monde. L'action se passe dans une vaste campagne, sur un pré vert et fleuri, en vue de la Jérusalem céleste, dont les remparts et les tours se dessinent à l'horizon.

Ce n'était pas petite chose, surtout il y a quatre siècles, que de mettre en mouvement tous ces bataillons de fidèles, de les conduire ainsi vers un centre commun, par groupes variés de caractères et d'attitudes, sans confusion et sans raideur, non comme un régiment ou une procession, mais comme une foule ardente, passionnée, et cependant modeste et recueillie. Tel est pourtant le spectacle qui se déroule ici dans la partie inférieure du tableau Je me trompe, ce n'est point un tableau, c'est un ensemble de peintures combinées et unies entre elles, mais de deux ordres différents, et divisées en deux étages. La partie supérieure est la plus grande ; c'est la région du ciel. Là point de mouvement, point d'action dramatique ; une éternelle placidité. Au lieu de ces centaines de petits personnages qui sur terre vont adorant l'Agneau, il n'y a dans ce ciel que de grandes figures, assises, isolées, se détachant non plus sur un vert paysage, mais sur un fond tout idéal, sur un fond d'or. Au centre est Dieu le père, magnifiquement vêtu de pourpre, coiffé de la mitre papale, ruisselant d'or et de pierreries. Ce n'est pas ce vieillard paterne, ce Jupiter grisonnant auquel depuis le XVIe siècle tous les peintres nous ont accoutumés : c'est un majestueux monarque dans la force. de l'âge, prince et pontife à la fois, d'une beauté un peu efféminée, une sorte d'empereur d'Orient. Le type byzantin de la toute-puissance survivait donc encore il y a quatre cents ans sur les bords de l'Escaut. À la droite de Dieu le père est la vierge Marie, à sa gauche saint Jean-Baptiste. Tous deux prient avec ferveur, saint Jean drapé modestement, la sainte Vierge splendidement parée. Elle lit ses heures avec l'humilité de la plus pauvre jeune fille, bien que son front porte le diadème et son épaule le somptueux manteau de l'impératrice du ciel. *Astitit Regina à dextris, in vestitu deaurato.*

S'il faut en croire la tradition, ces trois grandes figures sont l'œuvre d'Hubert van Eyck, et Jean, son jeune frère et son élève, n'a fait que les achever. Il a seul au contraire, sinon conçu, du moins exécuté la scène principale, l'adoration de l'Agneau. Tout semble confirmer cette anecdote séculaire : le système de peinture, le procédé technique est bien à peu près le même dans les deux parties de l'œuvre, mais le style est si différent qu'on est comme forcé de faire à chaque frère sa part distincte, et séparée. Hubert est mort à Gand en 1426, pendant qu'il travaillait à ces peintures, voilà qui est certain ; il est mort près de vingt ans avant son frère, et son frère était né vingt-quatre ans après lui. Ils appartiennent donc, malgré leur communauté de nom, de gloire et d'atelier, à deux générations j'ose même dire à deux écoles différentes. Hubert procède de l'école colonaise, Jean est le fondateur de l'art flamand. Tous deux, ils étaient nés dans le duché de Gueldre, près du Limbourg, en Hollande par conséquent, ou pour mieux dire en Allemagne, et lorsqu'ils vinrent en Flandre et s'établirent à Bruges, Jean n'était qu'un enfant comme sa sœur Margaretha, Hubert était un homme, et déjà peintre en renom. C'est donc aux bords du Rhin et sans doute à Cologne qu'il avait acquis son talent et reçu ces impressions premières qui chez l'artiste ne s'effacent jamais. Cologne était alors comme une autre Venise ; elle menait de front le commerce et les arts. Grand comptoir levantin et berceau de la peinture du nord, elle avait, elle aussi, contracté l'habitude du luxe, des étoffes, des goûts de l'Orient, et inspiré de bonne heure à ses peintres, avec le style idéaliste, le culte de la couleur. Un même courant commercial avait porté mêmes semences sous le ciel argenté de l'Adriatique et sous les brumes de la mer batave. Aussi remarquer-t-on la plus étrange analogie et comme un lien de parenté entre les premiers peintres colonais, les Wilhelm, les Stephan, et les Vénitiens primitifs, les précurseurs de Bellini, Tel *trecentiste* florentin ou même siennois ressemble infiniment moins à un vieux maître de Venise que l'auteur du *Saint Géréon* de la cathédrale de Cologne. Rien n'est donc moins difficile à reconnaître qu'une œuvre de l'école colonaise ; et tous les traits qui la caractérisent, ce goût des teintes fortes, des tons sonores, des riches draperies, des pierreries, des perles, des galons, de l'éclat oriental en un mot, s'unissant à cet aspect sérieux, à cette onction solennelle, à cette majesté pieuse que le catholicisme, au commencement du XVe siècle, communiquait encore presque universellement à l'art européen, ce mélange de pompe et d'austérité, de spiritualisme et de couleur, ne le trouvons-nous pas dans les trois figures à fond d'or de la chapelle de l'Agneau ?

Ce qui me frappe en elles avant tout, c'est qu'elles n'ont rien de flamand. Ce n'est pas un fruit du terroir, Il y a dans ce saint Jean, surtout dans cette Vierge, une noblesse, une grâce, une distinction, une suavité presque idéale, dont les beautés flamandes, même les plus parfaites, n'ont jamais dû donner l'idée. Nous verrons tout à l'heure dans le petit musée de Bruges la véritable Vierge du pays, la madone opulente et bourgeoise, chef-d'œuvre de Jean van Eyck, et de lui seul, car la date est 1436, dix ans après la mort d'Hubert, Cette madone est peinte encore plus savamment que la Vierge de Saint-Bavon : la touche est plus moelleuse, le modelé plus fin ; mais quelle santé, quel embonpoint ! quelle robuste ménagère ! N'est-il pas évident que l'auteur de cette Vierge-là n'a pas fait celle que j'ai devant les yeux, et que c'est bien à Hubert qu'appartient celle-ci ? Je la compare dans ma pensée aux Vierges italiennes du même siècle : ni les Boticcelli, ni les Lippi, ni même les Ghirlandaïo, n'ont donné à la mère de Dieu une piété si douce, une expression si noblement modeste. Et tous ces maîtres, notez bien, étaient à peine enfants, et Fra Angelico lui-même était encore novice, ou tout au plus profès à San-Marco, lorsqu'en 1426 Hubert mourait à Gand. Ce n'était donc pas en Italie qu'il avait pris ses modèles, ce n'était pas même à Cologne, car, tout en respectant jusqu'à son dernier jour ses souvenirs de jeunesse, à quelle distance de ses maîtres n'était-il pas déjà ! Où trouver un morceau comparable à ces trois figures dans l'école entière de Cologne ? N'oublions pas enfin qu'il y avait chez Hubert un esprit inventif en même temps que fidèle aux nobles traditions de l'art, et que sa part est, dit-on, la plus grande dans la célèbre découverte dont son frère a presque seul l'honneur, parce qu'il l'a pratiquée et popularisée plus longtemps : la découverte, disons mieux, le perfectionnement de la peinture à l'huile. N'est-ce donc pas justice de s'arrêter avec un peu de complaisance devant celui de ces deux frères que la postérité a traité le moins bien ? Et pourtant gardons-nous de ne rien dire de l'autre : la renommée n'a presque jamais tort. Si Jean nous laisse voir des goûts moins élevés, moins de style et de poésie peut-être, s'il descend d'un degré dans l'échelle de l'art, il est plus fécond que son frère ; il possède les dons que la postérité prise avant tous les autres : il est original et créateur. N'eût-il fait que ce soubassement des peintures de Saint-Bavon, il faudrait encore le compter pour un des plus hâtifs et des plus puissants artistes des temps modernes.

Ici la scène change : non-seulement nous quittons le ciel, mais je n'aperçois plus ni Cologne ni Venise ; je suis à Bruges, à Gand, en pleine Flandre. Regardez ces visages, quelle vérité ! quelle étude de mœurs ! quelle comédie de caractères ! Comme le trait individuel de chaque personnage est admirablement marqué ! Toute l'école hollandaise et flamande n'est-elle pas dans ces trois cents figures ? Ce goût de vérité, d'imitation, de portrait, ces instincts réalistes, pour parler la langue d'aujourd'hui, ils étaient donc déjà bien forts chez ce jeune homme, pour qu'échappé de la veille à la tutelle de son frère, il les laissât percer dans ce sujet mystique, dans cette scène de piété ? Voilà sans doute, au milieu de ces groupes, de nobles et austères figures, de vraies figures de saints ; mais comme elles sont entremêlées de figures plus mondaines, et surtout mieux nourries ! Cette rotondité flamande qui, deux siècles plus tard, fournira tant de joyeux modèles aux van Eyck sécularisés, elle est là devant l'Agneau sans tache et jusqu'au pied de son autel. Jean ne peut s'empêcher de voir et de traduire le côté grotesque et risible de la nature humaine ; dans les rangs mêmes de ses prophètes, de ses docteurs, de ses apôtres, il glisse des visages d'une telle bonhomie et d'un si franc comique, qu'il provoque à sourire même en ce voisinage d'ascétisme et de mysticité. Teniers n'a qu'à venir au monde, il trouvera sa tâche faite. Son esprit est déjà sur la toile, tempéré seulement et comme contenu par la gravité du sujet et par la fermeté concise de la touche.

Et que dire maintenant de la composition ? On sait déjà quel étonnant mélange d'ordre et de mouvement règne dans cette foule. Ne regardez que les plans inférieurs, les deux ou trois premiers rangs de figures, c'est la perfection même. Je défie l'art moderne et ses plus nobles représentants d'imaginer une action mieux conçue, des mouvements plus justes, des poses plus naturelles, de plus heureux enlacements, et tout cela paré de la couleur la plus harmonieuse et la plus magistrale. M. Ingres, dans ses meilleurs jours, ne saurait pas mieux peindre, ni Poussin mieux composer. Où donc est le point faible, car tout chef-d'œuvre a le sien, surtout un chef-d'œuvre archaïque, exposé par son âge à tant de défaillances ? Il est ici aux arrière-plans : un certain reste des influences et des routines du moyen âge s'y laisse apercevoir. Le public n'était pas alors aussi complaisant pour les peintres qu'il l'est devenu depuis. Il ne se prêtait pas aux mystères et aux sous-entendus de la perspective aérienne. Même au fond d'un tableau, il lui fallait une image précise des objets imités. Ces teintes vaporeuses, ces traits vagues et indéterminés, tous ces *je ne sais quoi* qui pour nous expriment les lointains mieux encore que la décroissance des lignes, auraient semblé en ce temps-là une impertinence d'artiste. Le peintre était tenu de représenter les choses avec un soin égal, quel qu'en fût l'éloignement, et de les faire voir, non telles qu'elles apparaissent à distance, mais telles qu'elles sont réellement. De là, dans les tableaux de cette époque, ce luxe de détails qui va se prolongeant jusqu'au plus extrême horizon, et qui détruit du même coup l'illusion et la vérité : genre de faute que le moindre écolier saurait éviter aujourd'hui, et dont van Eyck ne pouvait se défendre. Il ne se complaît pas dans l'ornière comme la plupart de ses contemporains ; mais il n'essaie pas d'en sortir. On l'y sent retenu, et par les habitudes de son public, et par sa propre dextérité, par la finesse de son pinceau. Il veut tout rendre, tout exprimer ; plus les objets s'éloignent, plus il les étudie. Aux premiers plans, il est artiste : il compose, il dessine en peintre ; aux derniers, il devient géographe ; c'est à vol d'oiseau qu'il dessine, s'attachant à nous faire pénétrer jusque dans l'intérieur de ses groupes, c'est-à-dire à nous montrer des choses qui sont dans la nature tout à fait invisibles ou partiellement éclipsées.

Malgré ces invraisemblances, ces fautes d'harmonie, ces infractions de perspective, l'œuvre de Jean van Eyck s'empare du spectateur, le charme, le saisit, sans lui laisser le temps de consulter sa date. Ce n'est qu'à la réflexion que l'archaïsme se laisse voir ; tout d'abord c'est l'art seul qui paraît. La vérité des premiers plans, l'éclatant relief de l'ensemble dominent tout le reste. Et que serait-ce donc si l'œuvre était complète, si nous l'avions tout entière sous les yeux ! car, j'oublie de le dire, Gand n'en possède qu'une partie, la meilleure, il est vrai, puisque c'est le cœur même du sujet, le centre de la composition, mais à ce centre se rattachaient deux ailes, et les ailes n'y sont plus ! Depuis quand ? On ne le croira pas, cette mutilation n'a pas un demi-siècle ; elle date de 1815.

L'œuvre dans son entier, telle que l'avaient conçue les deux frères pour la chapelle de la famille de Vydt et telle que Jean l'acheva, se composait de douze pièces. C'était d'abord le grand panneau carré et les trois longs panneaux arrondis par le haut qui sont encore à Gand, formant, comme aujourd'hui, retable au-dessus de l'autel ; puis deux volets, chacun en quatre feuilles et peints, selon l'usage, en dehors aussi bien qu'en dedans. Ces volets, ou plutôt ces huit feuilles, avaient la même forme et la même surface que les quatre panneaux qu'ils devaient recouvrir : d'où il suit que lorsqu'ils étaient fermés, la superficie de peinture était encore égale à ce qu'elle est aujourd'hui, et qu'elle devenait double lorsqu'ils étaient ouverts. Ce grand retable ainsi monté, avec ses douze pièces au complet, ses volets bien fixés sur charnières, fut porté à Paris sous le premier empire et exposé dans le musée du Louvre. Qu'il n'y soit pas resté, que la guerre nous ait pris ce que nous avait donné la guerre, ce n'est pas là ce qui m'étonne ; mais au moins fallait-il qu'en le revendiquant, on mît à le garder autant d'ardeur qu'à le reprendre, et que ceux qui nous l'enlevaient se donnassent la peine de n'en pas perdre en route la moitié. Comprend-on qu'à son retour à Gand l'*Agneau* n'avait plus ses volets ? Qu'étaient-ils devenus ? Personne n'en prit souci, sauf un célèbre expert et marchand de tableaux qui, un beau jour, vers 1818, se trouva les avoir vendus à un Anglais, M. Solly, moyennant 100,000 francs. Jugez du flegme des Gantois ! ils laissèrent consommer le marché sans dire un mot, et quinze ou vingt ans plus tard gardèrent je crois, même silence, lorsqu'à son tour M. Solly, au prix de 410,000 francs, revendit ces volets au musée de Berlin [1].

C'est donc Berlin qui possède aujourd'hui ce que Gand s'est ainsi laissé prendre. Une fois dérobées, mieux valait à coup sûr que ces nobles reliques entrassent dans un dépôt public, à l'abri de nouveaux brocanteurs : elles ne seront, j'espère, ni vendues, ni détruites, ni même divisées ; mais si bien qu'elles soient à Berlin, c'est à Gand que je les voudrais voir. Pour un tableau moderne, le dommage est déjà grand de n'avoir pas de cadre ; il est autrement grave pour un tableau du XVe siècle de perdre ses volets. Le cadre n'est qu'un moyen d'isoler l'œuvre du peintre, les volets font corps avec elle, ils la prolongent et la développent, à peu près comme les coulisses de nos théâtres complètent les toiles de fond. Restituez ces volets, et aussitôt quelle différence ! Comme l'ardeur de cette foule devient plus manifeste ! A droite, à gauche, de tous côtés, la voilà qui déborde ; derrière les groupes du tableau j'en vois d'autres accourir et puis d'autres encore, à pied, à cheval, par de rudes chemins, à travers les ravins, les forêts, les montagnes. Tel est le spectacle qu'avaient combiné les deux peintres. C'en est fait, on ne le verra plus. Ce qu'ils avaient uni est maintenant divisé, et à toujours probablement : séparation fatale pour le tableau lui-même, bien plus encore pour les volets, qui par eux seuls n'ont plus de raison d'être.

Aussi le savant directeur de la galerie de Berlin a-t-il voulu leur rendre, au moins en simulacre, leur destination première. Au lieu de les placer séparément comme autant de tableaux, il les a réunis des deux côtés d'un retable construit exprès pour eux. Ainsi groupés, tous ces panneaux se font valoir les uns les autres : d'un coup d'œil on les embrasse tous, on en suit l'enchaînement, on comprend l'action de tous ces personnages, on marche avec ces pèlerins, avec ces cavaliers ; mais le but où ils tendent, le centre du retable, n'est par malheur qu'une copie : œuvre habile cependant et des plus respectables, puisqu'elle a près de trois cents ans. Elle est de la main même de Michel Coxcie, faite, dit-on, par ordre de Philippe II et portée à Madrid, d'où je ne sais quel hasard l'a conduite à Berlin. Son principal mérite est dans cette *patine*, dans cet aspect d'ancienneté qui ne s'acquiert qu'avec le temps. C'est par là seulement qu'elle est en harmonie avec ces majestueux volets ; mais son caractère de copie, cet indélébile cachet du travail sans inspiration, le temps ne peut pas l'effacer. Ce n'est pas la photographie seule qui semble pétrifier la vie en la reproduisant : les copies de main d'homme en font toutes autant, à des degrés divers, et ne donnent pas en échange ces miracles d'exactitude que la photographie révèle quelquefois. Pour moi, le travail de Michel Coxcie ne ressemble pas plus à l'œuvre de van Eyck qu'un clair de lune aux rayons du soleil. C'est terne, sans vigueur, la touche est hésitante. Aussi l'effet de ce retable, moitié vrai, moitié faux, n'est-il pas complètement heureux : c'est une idée plus ingénieuse que vraiment profitable, même aux volets de van Eyck, car s'ils font pâlir la copie, la copie à son tour, par cette pâleur même, semble les accuser d'un peu trop d'énergie et presque de dureté.

Voilà pourquoi je disais tout à l'heure qu'on ne pouvait, même à Berlin, vraiment connaître les van Eyck : c'est donc à Saint-Bavon, c'est à Gand qu'il vous les faut chercher ; je devrais ajouter à Bruges, et m'arrêter devant cette éclatante Vierge, si riche, si prospère, si Flamande, dont j'ai déjà dit un mot, devant ce vieux van der Poelen, ce chanoine replet, le donateur du tableau, à genoux, en prière au pied du trône de Marie, entre saint George et saint Donat, ses deux patrons, l'un cuirassé de pied en cap, l'autre en habits sacerdotaux. Quelle étonnante étude ! quel prodigieux rendu ! Le plus patient des Hollandais et le plus chaud des Vénitiens parviendront-ils jamais à faire ainsi luire une armure et briller l'or et les rubis ? Tout n'est-il pas vivant chez ce vieux donateur, depuis son bréviaire, ses gants et ses lunettes jusqu'aux plis, jusqu'aux rides de sa carnation fatiguée ? Le peintre de l'*Agneau* s'est ici surpassé lui-même dans l'art du relief, dans l'imitation des-détails de la vie. C'est bien là son chef-d'œuvre, l'effort suprême de son talent ; d'où vient donc que dans mon souvenir ce merveilleux tableau s'efface malgré moi devant une peinture plus calme et plus modeste que je vois à deux pas de là ? D'où vient que ce nom de Bruges m'apporte une autre idée que la gloire des van Eyck, que cette vieille ville me semble consacrée au culte, à la mémoire, non pas de Jean qui l'habita presque toute sa vie, que bien des fois encore on nomme *Jean de Bruges*, mais d'un autre homme, d'un étranger peut-être, d'un simple voyageur traversant la cité, d'un artiste mystérieux, ignoré dans l'Europe entière il y a moins de trente ans, ou connu tout au plus de cinq ou six personnes, d'un peintre dont la naissance est un problème, l'histoire une légende, et le nom lui-même une énigme ?

Pour moi, je l'appelle Hemling, tout en reconnaissant qu'il y a de savantes raisons d'adopter une autre orthographe. Est-ce une M est-ce une H qui commence ce nom ? Les M du XVe siècle ont-elles en Flandre, comme on le dit, comme on en cite des exemples, la même forme que les H ? Il y a là tout un débat de paléographie où je ne veux pas m'engager [2] ; jusqu'à plus ample informé, je dis Hemling par habitude. Aussi bien ce n'est pas le nom, c'est l'homme, c'est son œuvre qu'il nous importe de connaître, et que j'ai hâte d'aborder.

I. Les Van Eyck Hemling

Mais d'abord un mot sur la légende. Que l'artiste s'appelle Hemling, Memling, ou même Hemmelinck, qu'il soit de Flandre ou d'Allemagne, les tableaux qu'il a laissés à Bruges, et, tout à l'heure nous le verrons, il n'en est presque point ailleurs, ces tableaux, à l'exception d'un seul, sont tous dans un hôpital. Pourquoi ? C'est là ce qu'à défaut de preuves, la tradition se charge d'expliquer. En l'année 1477, trente-deux ans après la mort du dernier van Eyck et peu de jours après la bataille de Nancy, un soldat de Charles le Téméraire entrait blessé à l'hôpital Saint-Jean de Bruges. La guérison se fit attendre, et pendant les ennuis de la convalescence, le patient, se souvenant qu'il était peintre, demanda des pinceaux. Les sœurs hospitalières tombèrent en extase devant l'œuvre de leur malade. On le choya, on l'adopta dans la maison ; il y passa plusieurs années, et par reconnaissance, lorsqu'il quitta ces bonnes sœurs, il leur donna ses tableaux.

Est-ce une histoire, est-ce un roman ? Le. récit, quel qu'il soit, n'a rien d'invraisemblable. Qu'on songe à la splendeur de Bruges, alors la reine de la Flandre, à l'éclat qu'avait pris son école de peinture, où depuis les van Eyck on voyait accourir, aux dépens de Cologne, toute la jeunesse du nord ; que dans cette ruche d'artistes le plus habile n'ait pas été le plus heureux ; que malgré son talent, par dégoût, par dépit, par inconduite ou par caprice, il ait voulu se faire soldat ou le soit devenu à son corps défendant, de par les recruteurs du duc de Flandre et de Bourgogne, il n'y a rien là de très extraordinaire. Un grand peintre caché sous la cuirasse et sous le hoqueton se révélant dans une salle d'infirmerie, c'est après tout une plausible explication du trésor de peinture enfoui dans cet hôpital.

Ce qu'il y a de certain, c'est que le trésor existe, qu'il est là depuis bientôt quatre cents ans, et que jamais il n'est sorti de ces silencieuses murailles. Ni les commissaires de notre république, ni les préfets de notre empire, lorsqu'ils faisaient leur moisson de chefs-d'œuvre, n'ont su découvrir ceux-là. Qui leur en eût parlé ? L'ancienneté de ces peintures était leur première garantie ; on professait alors un si parfait dédain pour ce qu'on appelait les : productions de l'art à son enfance ! Si l'*Agneau* de van Eyck n'avait pu être soustrait au périlleux honneur du voyage à Paris, c'est qu'il trônait dans une cathédrale, au milieu des cierges et de l'encens, qu'il était l'orgueil de sa ville. C'est presque à titre de relique qu'on l'avait enlevé, tandis que notre pauvre hospice a si chétive apparence, ses murs de briques sont si simples et sa porte est si basse, que l'idée ne vint pas d'y heurter. Aussi les tableaux d'Hemling ont encore leurs volets.

Cette complète obscurité, qui fut alors leur sauvegarde, on ne peut la comprendre aujourd'hui. Comment croire, quand on voit ces peintures, qu'on les ait oubliées un seul jour ? Ces sortes d'apathies publiques qui peu à peu suppriment le souvenir d'un chef-d'œuvre sans qu'on sache comment ne sont pourtant pas sans exemple, témoin l'histoire du *Cenacolo* de Florence. Seulement ce n'est pas sous la suie qu'on a découvert ces tryptiques comme la fresque de Raphaël : il y a même lieu de croire qu'ils ont toujours été conservés avec soin ; mais sans les négliger on les laissait dans l'ombre. Je n'exagère rien en disant qu'il y a trente ans encore, un étranger, un curieux passant à Bruges une journée n'avait aucune chance de rencontrer quelqu'un qui lui donnât conseil de visiter l'hôpital, et que si par hasard il entendait parler d'une certaine châsse admirablement peinte et dévotement conservée dans ce lieu, essayer de la voir était du temps perdu, car il trouvait les portes closes. Je me souviens des peines que dut prendre pour me les faire ouvrir, il y a tout justement un peu plus de trente ans, en 1829, un habitant de Bruges, ministre actuel du roi des Belges, et qui déjà, quoique bien jeune encore, était en crédit dans la ville par sa famille, sans parler même de son esprit. M. van Praet, dès le premier guichet, fut contraint de parlementer. La châsse était dans la chapelle ; à peine la pouvait-on voir, et d'un côté seulement. Quant aux tableaux, placés dans un ancien parloir, ce fut toute une affaire que d'en trouver la clé ; notre insolite curiosité avait porté le trouble dans la paix de cette maison.

Quel contraste aujourd'hui ! La porte est tout ouverte ; on vous attend ; vous faites partie du contingent de visiteurs que chaque journée doit fournir. Ne craignez plus qu'on vous laisse partir sans vous parler d'Hemling : tout Bruges le connaît maintenant : c'est le nom populaire, le premier nom que vous diront ces guides qui vous guettent au sortir du wagon. Ces odieux persécuteurs, en vous promenant par la ville, vous feront encore voir, comme autrefois, et le beffroi, ce campanile incomparable, le plus hardi, le plus fier des clochers, et le tombeau de Marie de Bourgogne, et la

I. Les Van Eyck Hemling

chapelle du Saint-Sang, et la maison de ville, et la grande cheminée, sans compter tant de groupes de maisons pittoresques que vous rencontrerez çà et là dans ces rues, dans ces places si vastes et si désertes ; mais tout cela pour eux est comme suranné : ce qui est maintenant la nouveauté de Bruges, c'est l'hôpital Saint-Jean. Que dis-je, l'hôpital ? Il faut dire le musée : voyez plutôt ce gardien en permanence et l'album obligé pour inscrire votre nom. Dans ce lieu, naguère, si maussade aux artistes, où les médecins étaient seuls bien venus, il n'est plus question de malades, c'est de peinture qu'il s'agit. Tout pour les visiteurs. La châsse n'est plus dans l'église, elle est là au milieu de la salle. Tournant sur un pivot, on peut la voir dans tous les sens. À côté des tableaux, des deux triptyques et du diptyque, voilà des photographies qui, plus ou moins bien, les rappellent ; on vous les offre, on vous les vend. Rien n'y manque. La salle seule n'est pas changée : c'est toujours notre vieux parloir, et pour ma part je n'en voudrai pas d'autre ; mais bientôt, j'en ai peur, la salle aura son tour : les maçons ont envahi l'hospice, les cours sont pleines de matériaux. Encore un peu, et nous verrons Hemling logé dans quelque petit palais.

D'où viennent ces métamorphoses ? Est-ce un caprice de la mode, un engouement de moyen âge factice et passager ? Non ; la lumière s'est faite, et voilà tout. La gloire n'a pas été prompte pour le pauvre soldat blessé ; mais une fois venue, elle devait aller vite et grandir en marchant. Ce n'est pas en effet à quelques raffinés que cette peinture s'adresse. Son moindre prix est dans sa rareté. Il n'y a là ni tour de force ni précocité merveilleuse ; ce n'est pas, en un mot, de la curiosité, c'est de l'art, de l'art profond, de l'art durable, bien que portant encore des traces d'archaïsme et de naïveté. Je dis mieux : si vous ne tenez compte que du maniement du pinceau, de la pratique matérielle, rien ne vous avertit que trente ans ont passé entre Hemling et les deux van Eyck : il n'y a pas de progrès sensible ; on pourrait presque dire qu'il y a moins de métier. Est-ce l'effet d'un parti-pris, d'une sorte d'obstination à ne pas peindre à l'huile, à ne pas adopter l'innovation des van Eyck, à se distinguer d'eux par une fidélité systématique aux anciens procédés de l'école de Cologne ? Cette thèse a été soutenue : je n'oserais prononcer. Les chimistes eux-mêmes hésitent, comme on sait, à distinguer dans un ancien tableau, seulement à la vue, dans quelle espèce de liquide les couleurs ont été préparées. Plus on regarde de près ces peintures de l'hôpital Saint-Jean, surtout la chassé de sainte Ursule, le joyau le plus fin, sinon le plus précieux, de l'œuvre d'Hemling, plus on est tenté de croire qu'il y a là quelque chose de plus que la détrempe. Je laisse juger les experts ; mais en admettant même qu'Hemling ne se soit pas volontairement privé des ressources de la peinture à l'huile, il n'en est pas moins vrai que sa touche a l'aspect moins moderne que celle de Jean van Eyck, qu'il empâte moins son modelé, surtout dans les carnations, et procède par petites hachures apparentes tout à fait analogues au travail de la miniature sur le vélin des manuscrits. Ainsi, dans l'ordre technique, point de progrès, et même, si l'on veut, des penchants rétrogrades ; dans l'ordre moral au contraire, dans la sphère du sentiment et de la pensée, progrès immense, progrès dont j'ose à peine indiquer la mesure. Hemling est un de ces artistes qui sont de tous les siècles. Son temps ne lui impose qu'une enveloppe transparente qui laisse percer son âme. Sous un autre costume, c'est l'âme de Le Sueur : même famille et même sang. Comme le peintre de *Saint Bruno*, l'auteur des triptyques de Bruges connaît à fond tous les mystères des cœurs que la grâce a touchés. Sur les visages de ses saints, on lit ces joies du ciel et ces tristesses de la terre dont nous verrons aussi l'ineffable mélange dans les regards de nos chartreux. C'est la même onction, la même humilité, je ne sais quoi de chaste, de modeste et de tendre. Aussi quel ami que ce peintre ! comme son souvenir vous charme et vous nourrit ! quelles douces pensées il entretient en vous ! comme il vous initie à la puissance de son art ! Pour moi, je ne sais rien qui m'ait déterminé plus vivement dans ma jeunesse à tenter de comprendre le langage des arts que ma première visite à l'hôpital de Bruges. J'aimais la psychologie, je la croyais ma vocation ; j'appris là qu'on en pouvait faire devant l'œuvre d'autrui d'une façon plus attrayante qu'au dedans de soi-même ; j'entrevis les perspectives infinies qu'un peintre peut ouvrir, tout ce qu'il sait dire de l'âme humaine et du monde idéal. D'autres ont eu sans doute, en parlant ce langage, de plus parfaits accents : dans la famille des grands peintres, il est des génies plus complets, plus sublimes, il en est de plus souples et de plus gracieux ; mais des révélateurs plus vrais et plus directs de l'intérieur des âmes, je n'en ai guère trouvé.

Mon but n'est pas de décrire ces tableaux. Bien que trop peu nombreux, s'il me fallait montrer figure par figure tout ce qu'ils me semblent exprimer, le lecteur ne me suivrait pas : j'aime mieux l'engager à les voir ; mais je voudrais au moins en indiquer ici les divers caractères, car s'ils sont tous de même main, et presque de même date, il s'en faut qu'ils se ressemblent tous.

Et d'abord rien n'est plus différent que la célèbre châsse et le grand tableau à volets, qui fait face à la porte d'entrée. C'est d'un côté ce qu'on nomme aujourd'hui de la peinture d'histoire, de l'autre c'est de la miniature Sans doute il y a des trésors d'esprit dans ces scènes microscopiques qui décorent les parois du précieux reliquaire, sorte d'église en bois doré qui n'a guère que trois pieds de haut. Le sujet est heureux ; c'est le pèlerinage et le martyre de sainte Ursule et de ses compagnes. On suit le charmant cortège de tous ces blonds visages depuis la côte d'Angleterre jusqu'à la ville éternelle. Les détails de la navigation du Rhin, le passage à Cologne et à Bâle, la bénédiction du saint père sous les remparts de Rome, puis au retour Ursule et ses compagnes percées de flèches par de cruels soldats, tout cela est rendu avec une adresse incroyable ; mais ne vous semble-t-il pas que le fini des détails, l'éclat du coloris, la délicatesse de la touche, sont le but principal de l'artiste ? N'y a-t-il pas dans ces figures plus de finesse que de sentiment ? Les expressions sont gracieuses, jamais profondes. C'est une merveille dans son genre, mais dans un genre limité, et de même ordre à peu près que certaines peintures dont les beaux missels de ce temps sont souvent enrichis ; chefs-d'œuvre de patience, plus voisins de la bijouterie que de l'art véritable.

Dans le grand triptyque au contraire, tout est sérieux, tout est senti. On dirait qu'en se rapprochant des proportions de la nature, le peintre agrandit aussi l'échelle de ses pensées et poursuit un plus noble but. Il songe à autre chose qu'à nous séduire les yeux ; il veut nous toucher, nous convaincre. Ces figures, au moins six fois plus grandes que celles de la châsse, n'ont pas le même charme, mais elles parlent bien mieux. Ce n'est plus de la calligraphie et comme un badinage de pinceau ; point de manière, rien de banal, rien de conventionnel : autant de portraits que de têtes, et des portraits ou respire un certain idéal, bien qu'on les sente étudiés sur nature. Le sujet du panneau principal est le mariage de sainte Catherine, la mystique légende que tant de peintres ont traduite chacun à sa façon. Ici l'ordonnance est austère et le ton solennel comme les arceaux gothiques sous lesquels nous sommes introduits. La sainte, qui reçoit l'anneau de la main du divin enfant, est à genoux devant lui, au pied du riche dais sous lequel sa mère est assise. En face d'elle est sainte Barbe, qui tient un missel à la main et semble lire à haute voix. Toutes deux sont vêtues comme les grandes dames de la cour de Bourgogne. Des deux côtés du dais, deux anges aux ailes déployées sont les témoins du mariage, et derrière eux, debout, en méditation respectueuse devant le mystère qu'ils contemplent, deux nobles figures de saints, les deux saints Jean, patrons de l'hôpital et du peintre lui-même. Sur la face intérieure des volets, encore les deux saints Jean : l'évangéliste d'un côté, dans l'île de Pathmos ; de l'autre, le précurseur mis à mort ; à l'extérieur enfin, des figures peintes plus librement, avec moins de recherche, mais peut-être plus vraies et plus nobles encore, deux frères de l'hôpital, à genoux, en prière, sous l'assistance de leurs patrons, saint Jacques et saint Antoine ; puis, vis-à-vis, deux sœurs hospitalières, agenouillées aussi et protégées par sainte Claire et sainte Agnès, deux têtes admirables dont je renonce à décrire l'ineffable expression.

Pour moi, c'est dans cette grande page et dans deux autres compositions où les figures sont à peu près de même taille, et dont bientôt je vais parler, qu'Hemling m'apparaît sous son aspect le plus puissant et le plus original. Je reconnais que le petit triptyque, de dimension moyenne, représentant l'*Adoration des Mages*, est une œuvre plus achevée, plus harmonieuse, et que de très bons juges lui peuvent donner la palme. Les dissonances y sont plus rares, la raideur archaïque s'y laissé moins sentir : la touche en est plus fine et plus égale ; on dirait la limpidité d'un Metzu ou d'un Gérard Dow ; seulement les figures sont encore trop petites pour se prêter à cette étude approfondie des caractères qui fait d'Hemling un peintre à part au milieu de ses contemporains. Dans ces petites têtes, il y a sans doute un charme extrême : j'admets qu'elles sont d'un style déjà plus franc et plus individuel que les figures de la châsse ; mais, comparées à celles du grand triptyque, elles manquent de cachet et de distinction. Si d'abord on se passionne pour l'*Adoration des Mages*, parce qu'elle est plus irréprochable, on ne veut plus quitter le *Mariage de sainte Catherine* quand une fois on y revient ; on s'y attache, on s'en pénètre ; sans cesse on y découvre quelque chose de plus. C'est une de ces symphonies qui semblent plus nouvelles à mesure que l'oreille les entend plus souvent.

Il est pourtant à Bruges une autre œuvre d'Hemling que je préfère encore à celle-ci. J'en aime la couleur autant que la pensée ; elle est claire, argentine et chaude en même temps. Le faire en est moelleux, bien que ferme et précis. C'est encore une étude de haute psychologie dans un délicieux tableau. Les figures, sans être des plus grandes, sont d'une proportion qui permet de tout exprimer. C'est un triptyque aussi. Le sujet du panneau central est le divin baptême dans les eaux du Jourdain. Pas l'ombre de couleur locale, je n'ai pas besoin de le dire. le Jourdain coule dans de vertes prairies, de vraies prairies flamandes ; il est limpide et profond. La tête du Sauveur, son corps surtout laissent à désirer. Le nu est toujours recueil de la peinture de ce temps, surtout dans les pays du nord. La tête, sauf qu'elle n'est pas divine, ne manque cependant pas de beauté ; mais le saint Jean, quelle sublime figure ! quelle sainte humilité ! quelle austère componction dans ces traits amaigris ! quel regard soumis et prophétique ! Puis, vers le premier plan, voyez cet ange qui vous tourne le dos, à genoux sur le bord du fleuve, préparant le précieux tissu qui tout à l'heure, au sortir des eaux, va couvrir le corps du Sauveur. Avec quelle attention, quel respect, quelle joie il accomplit son ministère ! Comme il contemple le divin baptisé ! comme il l'adore ! quelle foi et quel amour ! Cet ange est une des belles figures qui aient jamais été peintes. Sa tête, sa chevelure, le riche vêtement, la chape pontificale qui couvre ses épaules, tout est exécuté avec une hardiesse et une perfection que Jean van Eyck lui-même, a rarement égalées. Et maintenant regardez les volets, votre admiration va peut-être s'accroître : vous n'y trouvez pourtant que de simples portraits, un père et son fils d'un côté, une mère de l'autre avec ses quatre filles ; mais ces figures agenouillées sont disposées avec tant d'art dans un fond de paysage qui va se rattachant aux rives du Jourdain, elles encadrent si bien la scène principale en même temps que par leur ferveur elles y sont comme associées, ces jeunes filles ont des regards si limpides et si modestes, leur mère les recommande à Dieu de si bon cœur, le père est si loyal et le fils si honnête, ils sont tous à la fois si pleins de vie et si bien vus sous leur plus noble aspect, que cette simple scène de famille s'élève à la hauteur d'un poétique tableau. Il n'y a pas jusqu'aux arbres, aux rochers, aux gazons qui ont aussi ce double caractère de vérité et de noblesse. Il faut recommander aux peintres de paysage l'étude de ces volets : ils ont tous des leçons à y prendre, aussi bien ceux qui veulent reproduire tous les accidents du feuillage et tombent dans la découpure que ceux qui, barbouillant leurs arbres, font de la mousse au lieu de feuilles. Ils apprendront de ce vieux maître que, pour tout rendre, il faut savoir choisir. Que manque-t-il à ces grands hêtres s'élevant en bouquet dans cette gorge de rochers ? Quel détail, quel brin d'herbe le peintre a-t-il oublié ? Et cependant quelle harmonie ! Le grand Ruysdaël et Hobbema lui-même, ce merveilleux faiseur de feuilles, ont-ils mieux compris la nature ? Qu'ont-ils fait de plus vrai, de plus mystérieux, de plus rêveur que cet intérieur de forêt ?

Ce n'est pas à l'hôpital Saint-Jean qu'il faudra chercher ce chef-d'œuvre : je crois l'avoir déjà dit, c'est au musée ou, pour mieux dire, dans le local modeste où se tient à Bruges l'académie de dessin. C'est là que tout à l'heure nous avons déjà vu la *Vierge au vieux Chanoine* de Jean van Eyck [3]. Les deux tableaux sont dans la même salle, suspendus à la même muraille ; on veut que nous les comparions. Il y en a d'autres alentour qui peut-être sont bons ; on ne saurait le dire, tant on est peu tenté de leur donner la moindre part du temps dont on dispose. Tout semble médiocrité en regard de telles œuvres. Ne songez qu'à les comparer : ce parallèle en dit plus que toutes les théories sur la question du réalisme et du spiritualisme dans l'art. Voilà deux hommes qui sont tous les deux coloristes ; tous deux, à des nuances près, portent dans la peinture la même exactitude, le même soin la même conscience ; ils imitent tous deux, et du plus près qu'ils peuvent, en traits aussi précis, tous les détails de la nature : d'où vient donc que je remarque entre eux un si profond contraste ? Ils sont aux antipodes l'un de l'autre ; la distance n'est pas plus grande de M. Ingres à M. Delacroix, chez lesquels tout diffère, crayon, pinceau ; couleurs aussi bien que les yeux. Jean van Eyck n'éveille en nous que des idées terrestres, même quand il fait des saints ; chez Hemling, tout nous enlève au ciel, lors même qu'il ne veut peindre que les choses de la terre. Ce ne sont donc pas les moyens matériels qui font la différence, c'est

I. Les Van Eyck Hemling

l'âme de l'artiste. Ne dites plus que la couleur, la peinture ferme et solide, n'appartiennent qu'aux réalistes, que c'est un monopole qu'on ne peut leur ravir : ils ne l'ont point ; allez à Bruges, vous vous en convaincrez.

On doit comprendre maintenant comment ce nom d'Hemling, une fois sorti de l'hôpital Saint-Jean, ne devait pas rester longtemps obscur. Ce n'est pas seulement en Flandre, c'est dans toute l'Europe qu'il est aujourd'hui connu et vénéré. L'effet inévitable de ce brusque retour de fortune était de faire éclore non moins subitement une effrayante quantité de soi-disant Hemling. Partout on s'est hâté de baptiser ainsi les vieux tableaux flamands d'attribution douteuse. Il faut se défier, même à Bruges, de ces Hemling improvisés. Il en est à la cathédrale, il en est au musée, il en est même à l'hôpital, et par exemple on vous y montrera une petite *Descente de Croix* qui n'est pas sans mérite, mais apocryphe évidemment. Et quant à ce portrait en buste d'une femme coiffée du vieux bonnet flamand, quoique peint avec finesse et transparence, il y a tout à parier qu'Hemling n'en est pas l'auteur. Je crois pouvoir réduire à cinq les œuvres authentiques qu'il a laissées à Bruges. C'est d'abord le triptyque du musée, puis, à l'hôpital, la *Châsse de sainte Ursule*, le *Mariage de sainte Catherine*, l'*Adoration des Mages*, et deux petits panneaux, se repliant l'un sur l'autre, dont nous n'avons parlé jusqu'ici qu'en passant, et qui ne sont pas le moins intéressant morceau de cette admirable collection. Le côté droit de ce diptyque représente la sainte Vierge, et l'enfant Jésus dans ses bras. Sur le panneau de gauche, on voit le donateur en prières. Ce sont des figures à mi-corps, mais de même proportion que celles du grand triptyque. Les deux Vierges ont même pose, même costume, mêmes traits ; c'est presque une répétition, ou tout au moins une même pensée. Quant au donateur, il n'est pas anonyme ; nous avons et son âge et son nom : une inscription du temps l'atteste, il a vingt-trois ans et se nomme Martin van Newenhoven. Il appartient à une famille qui donna, dit-on, vers ce temps-là, des bourgmestres à la ville. Ce jeune homme est sérieux, ses traits sont énergiques et d'une individualité fortement accentuée. Rien de plus délicieux que les détails de son ameublement ; il y a surtout des vitraux peints dont on ne peut détacher ses yeux ; ce n'est ni sec ni minutieux, c'est de l'imitation vive, hardie, spirituelle, à la façon de Pieter de Hooghe.

Louis Vitet

Je ne sais si, comme facture et comme souplesse de pinceau, ce n'est pas dans ce diptyque que l'artiste est le plus passé maître. C'est aussi le dernier ouvrage que nous ayons de lui. Les deux triptyques de l'hôpital sont datés de 1479, la châsse de 1480 [4] ; on lit sur le diptyque : 1487.

Voilà le compte exact des richesses de Bruges ; mais n'y a-t-il donc que là des Hemling véritables ? Si jeune qu'il ait pu mourir, ce peintre, dans sa vie, n'aura-t-il fait que cinq tableaux ? Je ne le prétends pas, et me garde de contester qu'on puisse ailleurs trouver de ses ouvrages ; mais pour que ceux qu'on lui attribue aient vraiment droit à cet honneur, j'y veux trouver une sérieuse analogie avec ceux qui sont seuls authentiques, avec les Hemling de Bruges. Or, ne l'oublions pas, dans les tableaux de l'hôpital, nous avons reconnu deux genres bien différents. Les perfections qu'on admire dans la *Châsse* et même dans l'*Adoration des Mages*, vous pouvez, jusqu'à un certain point, en retrouver des traces chez d'autres miniaturistes de cette époque dont les noms nous sont inconnus. Cette finesse exquise de pinceau n'est pas un attribut d'Hemling assez particulier et assez exclusif pour que partout où on la rencontre, on se permette d'affirmer que l'ouvrage est de sa main, de même qu'elle lui est trop naturelle pour qu'on ait droit de soutenir qu'il ne vient pas de lui. Dans le champ de la miniature, la liberté des conjectures ne peut donc être limitée, de même qu'une certitude ne peut pas être établie. Ainsi je vois au Louvre deux charmants petits fragments de triptyques, attribués à van Eyck quand ils appartenaient à Lucien Bonaparte, et achetés depuis comme œuvre d'Hemling à la vente du roi des Pays-Bas : qu'en puis-je dire ? sinon que je regarde l'attribution nouvelle comme infiniment mieux fondée que la première, qu'il y a les meilleures raisons pour que ces deux figures, si sveltes, si rêveuses, d'un ton si argentin, et qui évidemment ne sont pas peintes à l'huile, n'appartiennent pas à van Eyck, qu'il y en a même d'excellentes pour supposer qu'Hemling en soit l'auteur ; mais affirmer que lui seul le peut être, que de son temps personne n'aurait pu peindre ainsi, que dans l'école si nombreuse de Rogier van der Weyden, où, selon toute apparence, Hemling avait dû prendre ses premières leçons, il n'avait pas un seul émule qui nous ait pu laisser ces deux petits volets, qui l'oserait ? Notre terme de comparaison, c'est-à-dire le *spécimen* des miniatures d'Hemling que nous voyons à l'hôpital, n'a pas un caractère assez individuel pour nous tirer d'incertitude. Si au contraire je voyais quelque part des figures de demi-nature, cette proportion presque insolite à cette époque, et si dans le tableau où seraient ces figures je trouvais même touche, même modelé, mêmes expressions, même genre de composition que dans les grands triptyques de Bruges, alors, sans hésiter, je proclamerais l'auteur de ce nouveau chef-d'œuvre, n'y eût-il ni signature, ni tradition, ni aucun autre signe qui me le fît connaître, et dans ce cas l'affirmation me serait aussi facile que, dans l'autre, la réserve me semble obligatoire.

Or j'ai beau parcourir les principaux musées d'Europe et les plus riches cabinets, nulle part je n'aperçois ce frère de nos grands triptyques. Je ne le vois ni à Berlin, ni à Munich, ni dans aucune autre ville ou d'Allemagne ou de Flandre. Les Hemling qu'on me montre avec plus ou moins d'assurance sont tous des nains à côté de celui que je cherche. La taille, bien entendu, ne me suffirait pas pour établir une fraternité certaine ; mais on comprend qu'en cette circonstance elle est un signe de parenté tout à fait nécessaire. Je suis bien loin de contester que sous ce nom d'Hemling il n'y ait dans quelques galeries de délicieux tableaux ; mais tous ou à peu près sont de même famille que nos petits volets du Louvre, ou, s'il en est qui soient plus grands sans atteindre pourtant les proportions de la demi-nature, la manière dont ils sont peints, conçus et exécutés, le style, le dessin, la couleur, viennent détruire toute possibilité de les considérer comme de vrais Hemling. C'est ainsi qu'à Munich certains critiques, non moins éclairés qu'obligeants, voulant concilier les affirmations du *livret* avec leurs souvenirs de Bruges, en sont réduits à supposer qu'il aurait existé deux Hemling, de talent et de style tout à fait différents, à tel point que l'auteur des tableaux de Munich et le peintre de l'hôpital de Bruges n'auraient rien de commun que le nom. Ce que nous disons là des Hemling de Munich, il faut le dire aussi d'un tableau remarquable et plein de vraies beautés, mais d'une inégalité désolante, qui a récemment été légué [5] à la ville de Douai. On connaît l'origine de cette grande page qui se développe sur une longue série de volets : elle provient de l'ancienne abbaye d'Anchin ; mais l'idée de l'attribuer à Hemling n'a pris naissance que de nos jours, depuis que ce nom est à la mode.

Louis Vitet

J'ai vainement cherché, en étudiant l'œuvre elle-même, une raison plausible de croire à cette attribution.

De si fréquents mécomptes m'avaient rendu comme incrédule. Aussi, lorsque dans ces dernières années j'entendis raconter qu'il y avait à Bordeaux, chez un vieux serviteur de l'empire, le général d'Armagnac, un tableau qu'il avait rapporté d'Espagne, que depuis quarante ans il gardait dans sa chambre, et qu'il donnait pour un Hemling, j'avoue que j'eus à peine la curiosité de le voir. Je croyais tout au plus à une de ces œuvres estimables et problématiques auxquelles le nom de notre peintre est trop souvent associé. Je fus donc étrangement surpris lorsqu'au premier regard jeté sur ce tableau, je me trouvai en pays de connaissance. Cette sainte Vierge assise sous un dais, c'était la vierge du grand triptyque de Bruges : même figure, trait pour trait ; la taille à peine un peu moins grande, mais la pose, l'ajustement et l'expression complètement identiques. La ressemblance était la même entre les saints patrons représentés sur la face extérieure des grands volets de l'hôpital et ce saint Dominique, ce saint Jacques, que je voyais debout des deux côtés du dais. Je ne parle pas des détails, dont les similitudes me frappaient de toutes parts ; qualité de la touche, travail du modelé, style, couleur et facture, rien n'y manquait.

La chose était donc claire ; pour cette fois, c'était un véritable Hemling, sans problème et sans contestation possibles. Aussi, lorsqu'en regardant de près les bordures du tapis jeté sous les pieds de la sainte Vierge je découvris le monogramme du peintre, tel qu'on le lit à Bruges, et avec cette différence qu'il était là sur le tableau lui-même, et non pas seulement sur le cadre, je n'éprouvai qu'une satisfaction secondaire : la preuve était surabondante ; la signature du maître était partout dans ce tableau.

Ce qui valait mieux pour moi que la découverte du monogramme, ce qui ne m'étonnait pas moins que la beauté de l'œuvre, c'était sa conservation. *Le Mariage de sainte Catherine* a subi en 1826 une restauration maladroite qui, Dieu merci, n'a pas atteint les parties nobles de la composition, mais qui a laissé des traces trop visibles sur quelques draperies et dans certains accessoires. Ici le bonheur veut que, depuis sa sortie d'Espagne en 1810, ce grand panneau n'ait pas été touché, et rien ne laisse apercevoir des restaurations antérieures.

Il faut pourtant le dire, si ce tableau, maintenant à Paris [6], est identique aux grands triptyques et au diptyque de Bruges par la dimension des figures, par le style et par l'exécution, s'il leur est même jusqu'à un certain point supérieur par un état de conservation plus parfaite, il n'est pas leur égal à tous les points de vue, et ne suffirait pas pour donner une complète idée du génie de l'artiste. Au lieu d'une conception entièrement religieuse et poétique, d'une œuvre d'imagination, c'est un grand portrait de famille ou plutôt le portrait de toute une tribu, tant le père et la mère ont de nombreux enfants. Ils sont dix-neuf, tous en prières, dans le chœur d'une grande église, rangés par sexe selon la coutume, les garçons moins nombreux que les filles, et de chaque côté s'échelonnant par âge. Ce spectacle naïf et un peu trop réel serait d'une symétrie presque anti-pittoresque sans le talent du peintre qui l'anime, l'échauffe et le diversifie à force d'exprimer en traits vivants la variété de ces physionomies ; mais ce qui ennoblit surtout, ce qui relève cette scène de famille, c'est la présence surnaturelle de l'enfant-Dieu, de sa sainte mère et des deux bienheureux, patrons des deux parents. Or cette scène mystique n'est ici qu'accessoire et presque au second plan, tandis que dans le *Mariage de sainte Catherine* nous ne trouvons aucun mélange de la réalité, pas même sur les volets, car c'est seulement à leurs revers que sont modestement placés les donateurs. De cette séparation de l'idéal et du réel résulte une clarté plus grande, plus d'unité, moins de confusion, une impression plus solennelle et plus profonde. Mais, cette réserve faite et ce chef-d'œuvre mis à son rang, n'est-il pas juste d'ajouter que l'artiste y révèle certains dons naturels à peine aperçus à Bruges, et par exemple une manière à lui de comprendre et d'interpréter les grâces du jeune âge ? Parmi tous ces portraits, il y a des têtes enfantines d'un charme inexprimable. Ce parfum d'innocence, cette fraîcheur souriante, cette souplesse de carnation, je ne vois guère que Greuze, dans un système de peinture absolument contraire, qui parfois les rencontre aussi.

Je n'ajoute qu'un mot pour indiquer un lien de plus entre l'Hemling de Paris et ses aînés de Bruges. Grâce au diptyque de l'hôpital, deux choses vous sont connues : la date de ces portraits, le nom de cette patriarcale famille. Regardez en effet ce jeune homme, non pas celui qui vient immédiatement après le père, jeune abbé déjà tonsuré, mais celui qui le suit : ' ne nous souvient-il plus de cette énergique figure ? Elle n'est pas vulgaire, on ne peut l'oublier : regardez bien, c'est Martin van Newenhoven, le donateur du diptyque. Il avait vingt-trois ans en 1487, il peut ici en avoir deux de moins : vous avez donc la date du tableau. Et quant au nom de la famille, ce sont, vous le voyez, les Newenhoven grands et petits, qui ont eu la très heureuse idée de passer à la postérité en posant devant ce grand peintre.

Ainsi, après avoir bien cherché, nous n'avons trouvé hors de Flandre qu'un seul tableau authentiquement d'Hemling, c'est-à-dire évidemment conforme à Bon type le plus original. Un jour peut-être on en trouvera d'autres, surtout en fouillant l'Espagne : tous les chefs-d'œuvre dont Philippe II et les gens de sa cour ont dépouillé les Pays-Bas ne sont pas au fond de la mer ; mais avant qu'un heureux hasard nous cause encore même surprise, il pourra se passer du temps. Jusque-là votre unique ressource pour étudier ce maître merveilleux, ce fondateur d'un style qui par malheur s'est éteint avec lui, c'est un tableau, un seul, et qui n'est pas public. N'avais-je pas raison de dire en commençant que sans aller en Flandre on ne peut pas connaître les Flamands primitifs ?

Et ce n'est pas seulement pour ces grandes figures, pour Hemling et pour les van Eyck, qu'il faut plus d'une fois visiter Bruges et Gand ; sans descendre jusqu'à la foule, jusqu'aux derniers étages de l'archaïsme du nord, il est en Flandre, au XVe siècle et dans les commencements du XVIe, quelques hommes de premier ordre dont on se fait la plus mesquine idée tant qu'on n'a pas, dans, leur pays, vécu quelque temps avec eux. Je ne parle pas de Lucas de Leyden, ce génie tombé dans sa fleur, qui eut à peine le temps de peindre, dont les tableaux authentiques sont introuvables même dans sa patrie, et qui ne fonde vraiment sa gloire que sur ses immortelles gravures, ce qui donne à tous les pays un droit égal à le connaître ; mais Rogier van der Weyden, ce successeur de Jean van Eyck, comment comprendre le crédit, l'immense renommée dont il jouissait au XVe siècle, sans avoir vu au musée d'Anvers l'admirable triptyque légué par M. Ertborn ? J'en dis autant de Quintin Matsys. Ce forgeron devenu peintre, dont en Europe on ne connaît qu'un seul tableau, toujours le même, cet éternel peseur d'or à la figure grimaçante, le voilà à Anvers, dans ce triptyque immense, aussi fécond, aussi hardi, aussi souple que les plus grands maîtres, et sur le volet de gauche, ce jeune page qui verse à boire à la table d'Hérode, il faut, pour l'avoir créé, être à la fois Rubens et Jean van Eyck. On ne perd donc pas sa peine à parcourir ainsi les Flandres à la recherche des vieux maîtres flamands ; mais gardez-vous d'aller trop loin dans le XVIe siècle, n'en passez pas le seuil au-delà de la vingtième année ; vous ne trouveriez plus que des flamands bâtards, de faux italiens, des singes de Raphaël, lourds, pesants, sans esprit : les Bernard van Orley, les Mabuse, les Coxcie, les Floris, les Martin de Vos, je n'en finirais pas si je les nommais tous ; la Belgique en est inondée. Ils sont pleins d'talent sans doute, mais dans les arts la bâtardise est le pire de tous les péchés. Ces soi-disant flamands, on les connaît assez sans sortir, de chez soi ; je plaindrais ceux qui pousseraient la conscience jusqu'à voyager pour eux. Aussi, quand nous reprendrons cette étude, nous franchirons le XVIe siècle, et passerons de plein saut à cette grande époque qui voit éclore l'art hollandais, et l'art flamand reprendre sa sève originale.

Notes

1.   Les deux volets ne sont pas tout entiers au musée de Berlin. Des huit panneaux dont ils se composaient, deux sont retournés à Gand, je ne sais comment. Ils représentent Adam et Eve. Ces deux figures sont cachées au public, faute d'être assez vêtues ; on les garde sous clé dans la sacristie, scrupule un peu tardif, puisqu'il n'est né qu'après plus de trois siècles. Rien n'est d'ailleurs plus chaste en général que les nudités archaïques.

2.   Je pourrais cependant soumettre une objection assez sérieuse, ce me semble, à ceux qui tranchent aujourd'hui cette question alphabétique au détriment de l'H et en faveur de l'M. À les en croire, la lettre initiale de la signature du peintre, dont la forme équivoque est la cause du débat, se trouve employée comme M majuscule dans plusieurs documents anciens, notamment dans un registre indicatif des biens de l'hôpital Saint-Jean en 1466, et jamais, ajoutent-ils, cette même lettre n'est employée comme un H. Notice des Tableaux du Musée impérial, p. 151. C'est cette dernière assertion que je me permets de contester, et cela sur la foi du meilleur des témoins dans la cause, c'est-à-dire des inscriptions

elles-mêmes sur lesquelles on argumente, inscriptions tracées sur les cadres des deux triptyques de Bruges, et dont personne ne conteste l'authenticité. Dans ces deux inscriptions, le mot HEMLING est précédé de ceux-ci : OPVS JOHANIS, et l'H dans le mot Johanis est identiquement de même forme que la première lettre du mot Hemling, d'où il suit que si, comme on le prétend, nous devons lire Memling, il nous faudrait par la même raison lire Jomanis, ce qui est évidemment impossible. Dira-t-on que la lettre qui est un H dans le mot Johanis devient un M dans le mot Hemling, parce que dans celui-ci elle est majuscule et que dans l'autre elle ne l'est pas ? Je demanderais alors quels sont les alphabets, morne les plus barbares, qui se permettent de telles amphibologies. Que dans un même mot la même lettre affecte deux formes différentes par la raison que l'une des deux est majuscule, cela se conçoit ; mais que cette majuscule devienne dans un mot voisin une tout autre lettre, c'est quelque chose de si étrange qu'il faudrait, pour y croire, des preuves qu'on ne donne pas. Ce qui est certain au contraire malgré l'assertion déjà citée plus haut, c'est que la lettre initiale du mot Hemling, telle qu'elle est figurée dans les deux inscriptions de Bruges, était au XVe siècle employée comme un H, témoin le mot Johanis.

3. Il existe au musée d'Anvers dans la collection van Erthorn une reproduction de ce tableau qui a la prétention d'être l'original. Je crois la prétention mal fondée. Pour moi, l'original est incontestablement à Bruges.

4. Il parait résulter de recherches récemment faites dans les comptes de l'hôpital qu'en 1480 la châsse fut seulement commandée, mais qu'elle ne fut achevée qu'en 1486. L'exposition publique en fut même retardée jusqu'en 1489. La commande avait été faite par Adrien Reims, alors président de l'hôpital, et le peintre, entre 1480 et 1486, fit deux fois le voyage de Cologne dans l'intérêt de son travail. Il est aisé de reconnaîtra qu'il a dû étudier sur place la silhouette des monuments de Cologne.

5. Par M. le docteur Escalier.

6. Il appartient à M. le comte Duchâtel.

II. Rembrandt et Van der Helst les Hollandais

Après les chefs-d'œuvre archaïques que les Flandres possèdent seules, après les Hemling de Bruges et les van Eyck de Gand, je ne sais rien qui appartienne plus en propre et plus exclusivement aux Pays-Bas, rien qui soit plus introuvable ailleurs, d'un effet plus inattendu, plus difficile à décrire, plus impossible à deviner, que les grandes toiles du musée d'Amsterdam. J'entends par là certains tableaux qui, par leurs dimensions et par la taille de leurs personnages, sortent complètement des données habituelles et presque nécessaires de l'école hollandaise. Tout à l'heure nous verrons pourquoi, même en Hollande, ces sortes de peintures sont en si petit nombre et comment elles n'en sont pas sorties. Pour le moment, je ne veux insister que sur l'effet qu'elles produisent, sur la surprise qu'elles causent, sur le souvenir qu'elles laissent à tous ceux qui les voient, car ici tout le monde est bon juge : le don de sentir, de comprendre n'est plus un privilège. Pour être juste appréciateur, il n'est besoin ni de comparaisons ni d'études ; plus de part à faire, comme pour les maîtres primitifs, à l'inexpérience du passé ; il faut seulement avoir des yeux : le but suprême de la peinture imitatrice, la reproduction de la nature, est ici complètement atteint.

Entrons donc dans le *Trippenhuis*, dans cette maison d'un ancien bourgmestre transformée maintenant en musée, petit édifice à pilastres, sorte d'hôtel à la française, dont l'architecture un peu molle ne manque pas d'élégance, et qui, construite en pierre et s'élevant carrément parmi tous ces pignons de brique aigus et chantournés qui tapissent le Kloveniers-Burgwal, semble à distance un monument public de certaine importance. Bientôt, en y entrant, l'illusion se dissipe. Comme dans toutes les maisons hollandaises, un simple corridor tient lieu de vestibule ; nulle part le jour ne vient d'en haut, et les salles sont toutes de proportions bourgeoises. Il en est une cependant plus grande que les autres, la première, à droite, en entrant. À chaque extrémité, un seul tableau couvre toute la muraille : c'est ici que nous nous arrêtons.

Deux hommes sont en présence dans cette salle, deux hommes de renommée bien inégale, van der Helst et Rembrandt. L'un a rempli l'Europe de son nom et de ses œuvres ; l'autre, hors de son pays, est à peine connu autrement que par des portraits : un seul tableau de van der Helst se voit au Louvre, et si parfait qu'il soit, jamais sur cette miniature on n'attendrait du maître l'œuvre qui est là devant nous. Ainsi deux sortes d'étonnements pour qui pénètre dans cette salle : d'abord des tableaux hollandais de quinze à vingt pieds de long, et des scènes de grandeur naturelle : puis la lutte de ces deux hommes, ces deux manières absolument contraires de tenter la même entreprise et d'interpréter le même art. Talent, méthode, moyens d'effet, tout diffère dans ces deux toiles ; mais avant d'étudier ce contraste, qui explique et résume toute l'école hollandaise sous ses deux principaux aspects, ne faut-il pas d'abord avoir dit quelques mots de cette école elle-même, ou du moins de sa naissance et de ses premiers pas ?

À l'époque où Jean van Eyck s'établissait à Bruges et en faisait comme la capitale de l'art flamand, au XVe siècle, la Hollande n'existait pas ; même encore au XVIe les provinces dont elle s'est formées, confondues dans les possessions du duché de Bourgogne, n'avaient pas de vie propre. Il est donc à peu près certain que, sans la réforme et sans les luttes qu'elle engendra, sans le mouvement national qui de 1560 à 1580 arracha la Néerlande à la domination espagnole, nous n'aurions jamais eu de peinture hollandaise. Les semences pittoresques qui couvaient dans ce sol, ou n'auraient pas germé, ou ne seraient sorties de terre qu'au profit de la peinture flamande, sans rien produire d'original. Pour constituer une école de peinture il faut d'abord un peuple, une nation, si petite qu'elle soit, un groupe d'hommes se gouvernant à sa mode, ayant ses lois, ses mœurs, ses instincts, ses coutumes. L'Italie telle qu'on la veut faire aujourd'hui, l'Italie unitaire, centralisée, sans frontières intérieures, n'aurait jamais produit cette variété d'écoles qui a fait sa gloire ; elle n'aurait eu qu'un seul art, l'art de sa capitale, et çà et là, dans ses provinces, quelques servîtes et plates imitations. De même aux Pays-Bas : tant que la Flandre et la Hollande ne font qu'un seul état, elles n'ont qu'un seul art. Cherchez dans les Sept-Provinces, vous n'y trouverez pas un peintre qui se distingue en quoi que ce soit des artistes flamands. À Leyde, à Harlem, à Utrecht, on peint au XVe siècle exactement comme à Bruges, au XIVe comme à Anvers. Pas la moindre originalité, pas le plus mince effort pour sortir de la voie battue. Jamais on ne dirait que cette Flandre du nord est à la veille de fonder une école et d'avoir sa peinture à soi. Elle est comme absorbée dans son négoce et dans ses pêcheries : à peine fournit-elle son contingent de peintres à la patrie commune, et le peu qu'elle en donne n'a que des noms obscurs. C'est la Flandre du sud qui seule alors conserve encore un certain feu sacré. Anvers est l'héritière du commerce et des splendeurs de Bruges ; c'est à Anvers que sont les peintres avec le mouvement et la vie. J'ai déjà dit quelle est au juste la valeur de ces Flamands du XVIe siècle. La sève nationale s'est retirée de leur école ; les successeurs de van Eyck et d'Hemling ont déserté la tradition et mis au monde un fastidieux mélange de goût flamand et de style italien. Or cette bâtardise régnait au-delà du Mordyck tout aussi bien qu'en-deçà. On voit au musée d'Amsterdam un tableau d'un des Hollandais du XVIe siècle le plus en renom, Corneliszen de Harlem, tableau daté de 1590 et représentant un massacre des innocents : c'est une œuvre considérable, et l'auteur n'est pas sans talent ; mais de tous les imitateurs de Michel-Ange, de tous les faiseurs de pastiches florentins que produisait alors la Flandre proprement dite, je n'en connais pas un qui ait entassé sur une toile autant de raccourcis, autant de jeux de muscles, autant d'efforts anatomiques, sans que ces tours de force soient au moins rachetés par la fierté de style dont, au-delà des monts, on trouve encore la trace même en ce temps de décadence. C'est le pédantisme académique interprété et mis à nu par la bonne foi batave.

Ainsi, vers les dernières années du XVIe siècle, pendant que les Sept-Provinces affermissaient leur liberté naissante grâce aux efforts de ces *gueux* héroïques qui, sur terre et sur mer, continuaient l'œuvre du Taciturne, rien n'annonçait encore qu'en matière de peinture ce nouveau petit peuple fût près de s'affranchir. Ce devait être là son dernier acte d'indépendance, moins périlleux que tous les autres, mais presque aussi laborieux. Ce n'est en effet que vers 1630, un demi-siècle après l'affranchissement de la patrie, qu'apparaissent les premiers tableaux qu'on peut vraiment appeler hollandais, genre de peinture jusque-là sans exemple, et d'une nouveauté aussi originale que l'étrange pays où il prenait naissance.

Qu'avait-il fallu faire pour en arriver là ? D'abord, cela va sans dire, se délivrer du style *italo-flamand* : c'était la condition première ; mais sur ce point l'exemple était venu de la Flandre elle-même. Dès le commencement du XVIIe siècle, dès la première jeunesse de Rubens, l'école d'Anvers était entrée en pleine réaction. D'une part, ce vigoureux génie, bien qu'épris des maîtres vénitiens jusqu'à leur emprunter certains secrets de leur palette, certains procédés d'ordonnance et de composition, n'en avait pas moins rompu avec l'esprit italien, avec la décadence florentine, avec la fausse antiquité, et laissé libre essor à ses instincts flamands, à son dédain des nobles formes, à son goût des luxuriantes carnations. D'un autre côté, sur un plan plus modeste, des hommes tels que Jean Breughel, Paul Bril, Peter Neefs, sans posséder les aptitudes variées et presque universelles du grand peintre anversois, sans prétendre à autre chose qu'à la patiente imitation de simples paysages ou d'intérieurs d'églises, avaient peut-être contribué plus puissamment encore à dégoûter leur pays du clinquant exotique et à le ramener à ses goûts naturels. Ce qu'il y a de remarquable, c'est que Breughel et Paul Bril avaient d'abord passé de longues années à Rome, qu'ils s'y étaient livrés à cette manière expéditive et lâchée de traiter le paysage qui alors y faisait seule fortune, et que l'un et l'autre, de retour à Anvers, avaient pris aussitôt une touche nouvelle dont la précision, la finesse, la minutieuse exactitude, contrastaient étrangement avec leur éducation romaine. On eût dit qu'en rentrant au foyer paternel, les traditions de van Eyck et d'Hemling, oubliées depuis près d'un siècle, s'étaient pour eux réveillées tout à coup, qu'ils avaient reconnu combien chez ces vieux maîtres les fonds de paysage rendaient fidèlement la verdure un peu crue, mais brillante, des campagnes flamandes, combien cette manière nette et naïve d'interpréter la nature devait plaire à leurs compatriotes et rajeunir leur goût blasé. Ils le comprirent si bien que Jean Breughel et Paul Bril semblent, au premier aspect, sortir directement de l'ancienne école de Bruges : rien dans leur œuvre ne laisse voir la lacune qui les en sépare ; ils s'y sont comme soudés volontairement. Et quant à Peter Neefs, le lien qui l'y rattache semble encore plus étroit ; cette façon un peu sèche, bien que mystérieuse, de comprendre l'architecture, d'en accuser les contours et jusqu'aux moindres arêtes, ne la dirait-on pas littéralement empruntée à van Eyck et à ses premiers successeurs ?

On le voit donc, même avant qu'en Hollande la moindre innovation se fût encore fait jour, avant que la peinture eût essayé de triompher des préoccupations de la nouvelle république et des querelles théologiques qui la mettaient en feu, elle s'émancipait en Flandre, et particulièrement à Anvers. Tout ce midi des Pays-Bas semblait se consoler du joug qu'il n'avait pu rompre, en chassant du moins de ses tableaux les influences étrangères et en reprenant possession de son vieux goût national. De 1600 à 1630, ce mouvement est manifeste, et se produit sous deux formes tout à fait distinctes : d'une part, la fougue de Rubens, aussitôt imitée, à des degrés divers, par Gaspard de Crayer, par Jordaens, puis bientôt par Van-Dyck, tous trois nés à Anvers, et de quelques années seulement plus jeunes que leur chef ; d'autre part, la modération naïve, exacte, presque archaïque, de tout ce groupe de peintres dont Paul Bril, Jean Breughel et Peter Neefs sont pour nous les représentants.

Mais ce réveil, de l'art flamand n'avait aucun des caractères d'une révolution radicale ; ce n'était qu'un timide prélude de ce qui allait s'accomplir en Hollande. Au fond, rien à Anvers n'était changé, sauf la routine italienne : mœurs, religion, gouvernement, tout restait à sa place. Les peintres n'avaient besoin de modifier ni les dimensions de leurs toiles ni les sujets de leurs tableaux. Il n'en était pas de même en Hollande. Là, pour inaugurer une peinture nationale, ce n'était pas assez d'un retour au passé, il fallait faire du neuf. Le pays avait du même coup changé de religion et de foi politique : il n'était plus catholique et s'était fait républicain. De là pour la peinture tout un monde nouveau. Sans le catholicisme, plus de tableaux d'église, plus de chapelles à décorer, plus de saints, plus de martyrs, plus de madones, plus d'*agneau* ; avec la république, plus de cour, plus de luxe, plus de palais princiers, plus de lambris assez vastes pour recevoir de grands tableaux. Les mœurs économes et simples, les habitudes sédentaires de ces populations amies de leur foyer, républicaines sans vie publique, l'exiguïté et l'uniformité de leurs habitations, n'allaient plus tolérer qu'un seul genre de peinture, la peinture de chevalet. Rien que de petits tableaux et point de tableaux d'église, tel était le régime des futurs peintres hollandais. Pour eux, la source était tarie où, dans tous les pays, la peinture depuis deux siècles puisait à pleines mains, source éternelle, toujours féconde, le Nouveau et l'Ancien Testament. À défaut des sujets sacrés, pouvaient-ils s'emparer des fictions de la fable, des caprices de l'allégorie ? L'austérité protestante s'en accommodait encore moins. Sur quoi donc leurs pinceaux allaient-ils s'exercer ? Ni religion ni poésie ! Un culte sans images, un peuple sans imagination, et tout cela sous un ciel sombre et brumeux, sans transparence ni couleur ! Assurément la Providence avait un parti bien pris de faire fleurir la peinture en Hollande, puisque de tant d'obstacles, accumulés comme à plaisir, nous allons voir sortir autant d'effets nouveaux, de beautés inconnues, autant de causes d'agrément, de perfection et d'originalité.

Et d'abord remarquez qu'à partir de 1606, l'année où Rembrandt vint au monde, tout un essaim d'artistes de premier ordre éclôt dans les Sept-Provinces presque au même moment. En moins d'un quart de siècle, avant 1630, coup sur coup vous avez vu naître Albert Cuyp, Terburg, Jean Both, les deux Ostade, van der Neer, Metsu, van der Helst, Nicolas Maas, Philips Wouverman, Berghem, Paul Potter, Hobbema, Ruysdael et bien d'autres encore que j'oublie. Ce n'est jamais en pure perte que se produit ainsi tout un groupe de grands talents. Ces sortes d'éclosions subites sont, dans l'histoire de la peinture, le symptôme assuré ou d'un progrès notable ou tout au moins d'un mouvement nouveau, d'une tentative inconnue. De Giotto jusqu'à Raphaël, on en peut compter cinq ou six, et, sans rien comparer d'ailleurs, il est permis de dire que ni dans l'Ombrie vers, le milieu du XVe siècle, ni à Florence, ni à Venise, ni à Augsbourg, ni à Nuremberg aux approches du XVIe il n'était né en aussi peu d'années autant d'hommes doués de l'esprit pittoresque et si bien faits pour agir en commun sur les destinées de leur art que cette compacte phalange qui sort de Dordrecht, d'Amsterdam, de Leyde et de Harlem dès le début du XVIIe siècle.

Une fois en âge de produire, qu'allaient faire tous ces jeunes gens ? Une œuvre absolument nouvelle, on ne peut trop le répéter. Ils allaient tous faire des portraits : non pas des portraits d'hommes ou de femmes seulement, il y avait longtemps qu'on en faisait partout, mais des portraits de leur patrie. Cette terre de Hollande, ce sol natal, ce sol chéri, si récemment, si rudement conquis sur les flots et sur l'Espagnol, chacun d'eux, selon son aptitude, allait amoureusement en étudier, en imiter, en reproduire une partie : celui-ci les vertes prairies, les vastes pâturages émaillés de bestiaux et de fleurs ; celui-là les forêts, les moissons, les sablonneux rivages de la mer ; cet autre, la mer elle-même, tantôt furieuse, écumante, tantôt paisible et douce, limpide et comme endormie, sillonnée de gracieux navires et se perdant au loin dans les pâles vapeurs d'un interminable horizon. Était-ce donc la première fois que la peinture prenait de tels modèles ? N'avait-elle jamais essayé de retracer les scènes de la nature, non plus comme accessoires, mais comme sujet principal d'un tableau ? Le paysage en un mot était-il un genre inconnu ? Non, puisque les Breughel et les Paul Bril faisaient, nous l'avons vu, des paysages à Anvers depuis quinze ou vingt ans, puisqu'à ce moment même les Carrache et le Dominiquin en faisaient à Bologne, puisqu'à Venise, près d'un siècle plus tôt, Giorgione, Titien, Tintoret en avaient fait aussi. Mais quelle différence ! Le paysage italien est la traduction libre et non l'exacte reproduction de la nature. À Bologne, aussi bien qu'à Venise, les maîtres qui s'étaient permis ce genre de délassement n'avaient cherché que l'occasion de composer des sites, de combiner des lignes, de faire du style, en un mot, non plus avec des hommes, mais avec des rochers et des arbres. Et quant à nos Flamands, bien que moins occupés de l'effet idéal et plus enclins à la patiente imitation, n'était-ce pas alors de vérités conventionnelles qu'ils tapissaient aussi et leurs fonds de montagnes et même leurs premiers plans ? Le paysage ainsi compris n'est pas une invention moderne, il ne remonte pas au XVIe siècle seulement ; l'antiquité le connaissait, et sur les murs de Pompéi combien d'exemples n'en citerait-on pas ? Dans les petits médaillons, dans les gracieux cartouches suspendus entre les colonnettes dont ces murs sont souvent décorés, ne voit-on pas les rives de la mer, des jardins en terrasse, des charmilles et des bocages ? Qu'est-ce autre chose qu'un avant-goût du paysage italien, peinture décorative, moitié mensonge et moitié vérité, réminiscences de la nature entremêlées de fantaisie ? Tel n'était pas le but qu'allaient poursuivre nos Hollandais. Ils trouvaient leur pays trop beau, ils l'aimaient trop pour essayer d'en embellir l'image. Changer quoi que ce fût à ce plat horizon qui les cernait de toutes parts, à ces longs canaux rectilignes qui coupaient la campagne en tout sens, à tout ce grand radeau flottant, couvert de verdure symétrique, sur lequel ils passaient leur vie, qui d'entre eux s'en serait avisé ? L'ardeur de leur patriotisme les détournait de l'idéal comme d'une irrévérence et d'une profanation. Chacun à sa manière, et avec une variété d'accent qui n'est pas leur moindre mérite, ils allaient imiter la nature telle qu'elle s'offrait à eux, sans fard, sans choix, presque au hasard, et par nature il faut entendre ici non-seulement la terre et la mer, les plantes et les animaux, mais l'espèce humaine elle-même, ou, pour mieux dire, tout le peuple hollandais. Marines, paysages, scènes de mœurs, intérieurs de familles, figures de tout rang, de toute condition, pauvre artisan, opulent bourgmestre, cabanes et châteaux, élégants parloirs, tabagies enfumées, dégoûtants cabarets, tout pour la naissante école devenait matière à peinture ; tout modèle lui semblait bon, pourvu qu'il posât bien, qu'il fût pris sur le fait, traduit avec esprit, rendu avec exactitude.

C'était là, je le dis encore, une entreprise absolument nouvelle, sans aucun exemple connu. S'ensuit-il que tous ces novateurs eussent même foi, même persévérance ? Resteront-ils tous en Hollande sans rêver d'autres cieux, d'autres foyers d'inspiration ? Le soleil d'Italie, les charmes de la France n'en séduiront-ils pas quelques-uns ? Tout à l'heure nous verrons qu'il y eut plus d'un transfuge ; mais avant d'en parler et de montrer quel fut, pour eux-mêmes et pour l'école, le résultat de leurs émigrations, il faut nous arrêter à quelque chose de plus étrange et de plus considérable, à cet homme qui, sans être jamais sorti de la Hollande, est le moins hollandais des peintres, et qui semble isolé parmi cette jeunesse qu'il instruit, qu'il domine et qu'il éclaire de son génie.

Je parle de Rembrandt. À coup sûr, son premier tableau, daté du moulin de son père, ce tableau qui lui fit toucher ses premiers cent florins, ne brillait pas encore de cette lumineuse audace à laquelle plus tard il devait s'élever : les toiles de sa jeunesse sont, comme on sait, sobres et presque timides ; mais cette modération laisse déjà percer une façon de sentir la nature, un don de l'exprimer, qui ne sont, qu'à lui seul et qui diffèrent essentiellement du système d'imitation qui allait prévaloir dans l'école hollandaise. Rembrandt, même à ses débuts, n'était pas homme à voir les choses telles qu'on les voit en général ; il les percevait autrement et, pour les rendre à sa manière, il les transfigurait en véritable idéaliste. Seulement ce n'étaient pas les formes, mais la lumière qu'il idéalisait. Il avait pour les formes la plus parfaite indifférence, et les prenait telles qu'il les rencontrait ; je ne sais même si sa prédilection n'était pas pour les moins élégantes, les moins nobles et les moins pures. Le hasard seul ne l'aurait pas conduit, surtout quand il peignait des femmes, à des modèles presque toujours si laids. Il y mettait du sien évidemment et recherchait de préférence les êtres les plus disgraciés ; mais ces formes ingrates qu'il avait l'air d'affectionner se poétisaient chez lui par la vertu de la couleur. Il les voyait illuminées de je ne sais quels rayons si vifs et si concentrés qu'elles en doublaient d'éclat, de relief et d'expression. De là ces portraits merveilleux, ces éblouissantes figures, plus vivantes que la vie même, mélange indéfinissable d'idéal et de vulgarité qui captive, les yeux, séduit l'esprit, pénètre jusqu'à l'âme, sans toujours satisfaire la raison.

On a tout dit sur ce grand magicien, et les miracles de sa palette ne sont depuis deux siècles un secret pour personne. Je me demande seulement si tout le monde estime à quel point il est original, si son vrai rang parmi les coloristes est suffisamment établi, car non-seulement il est au niveau des plus grands, mais il est unique en son genre. Son procédé n'est celui de personne : cette manière de ne rien dessiner, de n'accuser aucun contour, de n'arrêter aucune silhouette et cependant de tout mettre en saillie, de donner à tout sa rondeur, de tout enlever, soit en vigueur, soit en clair, par des épaisseurs raboteuses, par d'audacieux empâtements mêlés, on ne sait comment, aux plus subtiles dégradations, aux passages les plus imperceptibles de l'ombre et de la lumière, sorte de jeu mystérieux que la seule nature avait connu jusque-là, c'est quelque chose qu'il a trouvé tout seul, sans maître, sans exemple, sans autre guide qu'un instinct de génie. Assurément Rubens est, lui aussi, profondément original, sa touche se distingue entre mille, ses tableaux se reconnaissent d'aussi loin qu'on les voit ; mais ce qui fait son originalité, c'est son exécution, son tour de main, si j'ose ainsi parler : ce n'est pas son système d'imitation. Ce système est au fond semblable, ou peu s'en faut, à celui d'autres grands coloristes de tous les temps et de tous les pays, vénitiens ou espagnols, tandis que chez Rembrandt c'est le principe même de sa peinture, c'est le système, aussi bien que le faire, qui porte son cachet, qui n'est qu'à lui, et qui le place à part, tout à la fois comme le plus réel et le plus fantastique des peintres.

Ce qui m'étonne, c'est que de son vivant on ne l'ait pas imité davantage. Les novateurs un peu hardis ont rarement cette fortune :

plus leur audace est grande, plus prompte est la contrefaçon. D'où vient que pour Rembrandt elle fut lente et timide ? N'avait-il pas réussi ? Cette manière de peindre absolument nouvelle ne fut-elle de son temps ni goûtée ni comprise, comme souvent il arrive aux véritables nouveautés ? Au contraire, le succès fut subit, immense, incontesté. Ces flegmatiques Hollandais s'étaient passionnément épris du jeune téméraire et couvraient d'or ses tableaux. Appelé par la faveur publique de Leyde à Amsterdam, il y ouvrit une école où accoururent tous ses contemporains, même ses aînés. Il avait vingt-quatre ans et devint aussitôt le guide, le mentor de sa génération, le véritable père de la peinture hollandaise. Comment donc ses élèves lui ressemblent-ils si peu ? Voyez Rubens : Crayer et Van-Dick sont ses fils, cela saute aux yeux ; ils ont leur physionomie propre, ils sont eux-mêmes ; mais quel air de famille, et comme ils vivent de sa vie ! Rembrandt eut-il aussi des Crayer, des Van-Dick ? Son imitateur déclaré, Dietrick, n'a vu le jour que quarante ans après sa mort. De son temps, on ne peut guère citer que Santwoort, Nicolas Maas, Govaert Flinck, van den Eeckhout, Ferdinand Bol, qui parfois s'approprient, avec hésitation, l'épaisseur de ses empâtements et sa touche heurtée. Chez ceux-là, j'en conviens, ses leçons ont laissé quelques traces ; chez tous les autres, on n'en voit pas vestige. Gérard Dov par exemple est un de ses élèves, un de ses favoris ; il passa chez lui trois années, Gérard Dov, l'homme aux contours fins et précis, à la touche serrée, le dernier rejeton de van Eyck et d'Hemling, la souche des Miéris et même aussi des van der Werf ! Comment comprendre que Rembrandt ait mis au monde Gérard Dov ? Il n'était donc systématique que pour lui-même, ce génie pétulant, cet homme de parti-pris ? Il laissait donc aux autres la liberté qu'il ne se donnait pas ? Évidemment, quand il se vit le chef de ses émules, de ces esprits tranquilles et minutieux, de ces patients observateurs, la peur le prit de les lancer hors de leurs voies. Il respecta chez eux l'instinct d'imitation naïve, la bonhomie batave, ne leur montrant pas la nature sous l'aspect où lui-même la voyait. Ses secrets, ses mystères, ses procédés capricieux, il les garda pour lui, enseignant ce qu'il ne faisait pas, n'enseignant pas tout ce qu'il faisait. Et cependant on se tromperait fort en supposant qu'autour de lui il ne sema rien de lui-même. Son influence fut immense. Tous ceux qui prirent directement de ses leçons, et ceux même qui, comme Albert Cuyp par exemple, s'instruisirent à la vue de ses œuvres sans fréquenter son atelier, lui doivent en partie cette largeur de touche, ce faire gras, abondant, exempt de minuties, qui est un des caractères de la peinture hollandaise dans sa première période. C'est l'âme de Rembrandt, on n'en saurait douter, c'est sa puissance et sa chaleur qui rayonnent ainsi sur ses contemporains. Son action n'est pas apparente : il semble séparé d'eux parce que prudemment ils évitent de singer ses témérités ; mais au fond son esprit les pénètre, et ils s'échauffent à son soleil.

Chez lui, l'indépendance se trahissait en toutes choses, même dans le choix de ses sujets. J'ai déjà dit que, depuis la réforme, depuis que la peinture était bannie des églises, on n'avait plus fait en Hollande de tableaux de piété. Rembrandt seul, ou presque seul, s'obstine à s'inspirer encore de la Bible et de l'Évangile. Il y revient sans cesse, comme graveur et comme peintre. Il est vrai que ses traductions des saintes Écritures sont si libres et si bizarres que les moins orthodoxes n'en pouvaient prendre ombrage. Il se place en dehors de toute tradition, supprime, ajoute, invente, comme il lui plaît, tels et tels personnages, prête à ceux-ci des attitudes, à ceux-là des costumes souvent grotesques, toujours de fantaisie. Le spectateur est dérouté. Qu'a-t-il devant les yeux ? Ce petit homme souffreteux, d'un type si misérable, d'une expression si basse, est-ce donc le divin Sauveur ? Ces rustres, ces bohémiens déguenillés, sont-ce les saints apôtres ? Et faut-il voir le groupe des saintes femmes dans ces disgracieuses commères ? Ne vous rebutez pas : sous ces travestissements, il y a je ne sais quoi de touchant, de profond, d'onctueux et de tendre. Que ce Samaritain est charitable ! que cet enfant prodigue est repentant ! que ce père lui ouvre bien son cœur ! Que de compassion, que de larmes dans ces gestes, dans ces mouvements, surtout dans ces jets de lumière ! Dirons-nous pour cela de Rembrandt, comme quelques-uns de ses admirateurs, qu'aucun peintre avant lui n'avait compris le christianisme, qu'il le sent et l'exprime mieux que tous les grands maîtres de la catholique Italie, que seul il a trouvé le Christ véritable, le Christ des humbles misères ? À quoi bon comparer ? Notre enthousiasme est plus modeste. Sans détrôner personne, nous laissons à chacun sa part. Celle de Rembrandt est immense. Pour peu qu'on pénètre au-delà de cette écorce inculte, presque difforme, qui trop souvent nous cache ses pensées, on découvre en lui la puissance et parfois les éclairs d'un Shakspeare. Si dans les sujets religieux il trouble nos habitudes, s'il déconcerte nos souvenirs en s'abaissant au trivial, que de fois il s'élance et nous entraîne au pathétique ! Seulement c'est toujours son grand moyen d'effet, c'est-à-dire la lumière, qui produit chez lui l'expression. Prenez ses *descentes de croix*, ses *résurrections de Lazare*, ses *Disciples d'Emmaüs*, son *Abraham averti par l'Ange*, et tant d'autres chefs-d'œuvre dont le seul souvenir nous émeut en nous éblouissant ; supprimez-en par la pensée les combinaisons lumineuses, ces clartés presque inexplicables qui, au milieu d'un fond obscur, vont frapper certains visages ou certains points du tableau ; n'en conservez que ce qu'il faut pour éclairer la scène, à peu près comme en plein midi par un jour ordinaire : que vous restera-t-il ? Le plus terne et le moins émouvant des spectacles. Le principal agent de l'émotion est donc ici un certain luxe combiné d'obscurité et de lumière. Voilà pourquoi Rembrandt ne pouvait se passer des sujets religieux, et pourquoi son instinct l'y ramenait sans cesse. Eux seuls lui fournissaient un prétexte plausible à ces illuminations magiques sans lesquelles il perdait une partie de sa puissance. Pour dire tout ce qu'il y avait dans son âme et sur sa palette, il lui fallait d'étincelantes auréoles projetant au loin leurs lueurs, des rayons incompréhensibles, des traits de feu sillonnant les ténèbres, du surnaturel en un mot. Sous cette grotte obscure où l'homme-Dieu, debout au-dessus d'un tombeau, somme la mort de lui rendre son ami, ce qui séduit Rembrandt, ce qui pour lui signifie résurrection, miracle, bonté divine, stupeur des assistants, cris de joie et de reconnaissance, c'est un éclat subit de splendide clarté qui, à la voix et sous le geste du Sauveur, fait comme explosion dans la grotte. Toute sa composition se résume dans cette invasion de lumière. C'est un coup de *tam-tam*, un de ces effets matériels dont un musicien coloriste ferait certainement usage s'il voulait peindre cette scène. Il frapperait l'oreille au moment solennel : Rembrandt frappe les yeux. Il étourdit son spectateur par une sorte de sonorité visible, et le miracle ainsi interprété s'explique aux sens pour ainsi dire. Maintenant transportez-vous au Thabor, au Golgotha, au souper d'Emmaüs, partout même moyen, mêmes rayons miraculeux ; partout, grâce au surnaturel, les effets de pinceau les plus étourdissants. Aussi, sans méconnaître qu'il y eut chez ce grand maître un profond sentiment de la misère humaine et un sérieux instinct de chrétienne tendresse, les sujets religieux plaisaient, je le maintiens, encore bien plus à son talent qu'à ses croyances ; il y cherchait plutôt des thèmes lumineux que des rêves humanitaires.

Mais je m'oublie à parler de Rembrandt. Que n'en pourrait-on pas dire ! — Je ne voulais indiquer qu'une chose, la place qu'il occupe dans l'école hollandaise, comment il la domine sans presque en faire partie ; comment, tout en étant son chef, tout en faisant sa gloire, il en est, à vrai dire, isolé et compose à lui seul son école. Revenons maintenant à nos deux grandes toiles, rentrons dans le *Trippenhuis*.

C'est l'œuvre de Rembrandt, c'est *la Ronde de nuit*, qui va d'abord nous attirer. Ce tableau est, je crois, un peu plus près de la porte d'entrée que celui de van der Helst ; fût-il plus éloigné, il n'en aurait pas moins notre premier regard. Il force à venir à lui par une invincible attraction. On se dirige malgré soi vers cette foule qui s'avance, vers ces deux personnages qui marchent les premiers et sortent de la toile d'un air si résolu ; encore un pas, ils franchiront le cadre. Je ne crois pas que jamais en peinture on ait plus vivement rendu le mouvement et la vie ; et ce n'est pas l'effet d'un vulgaire trompe-l'œil, d'une combinaison d'optique, ni même de ces violents moyens d'illusion dont usent les Ribera, les Caravage, les Valentin, tous ces hardis faiseurs d'oppositions outrées. Non, c'est de l'art, de l'art fougueux, mais contenu et mesuré. Si le contraste est grand entre ces ombres et ces clairs, les transitions sont ménagées, rien n'est cru, rien n'est dur, tout est harmonieux. La saillie de ces personnages n'est ni de pierre ni de carton, c'est de la chair. On en sent la chaleur sous ces souples manteaux : une sorte d'électricité s'en dégage. En un mot, ces hommes sont vivants, ils respirent, ils marchent. Mais où vont-ils et que font-ils ? Vous aurez quelque peine à le dire. Sous le charme du premier coup d'œil, ces questions ne se présentent pas : on s'en inquiète à peine ; on regarde, on admire ; puis peu à peu l'envie vient de comprendre. Que se passe-t-il donc ? Pourquoi ces armes, ces tambours ? Pourquoi cet homme, tout en marchant, charge-t-il ainsi son mousquet ? L'ennemi assiège-t-il la ville ? Ces gens-Là vont-ils le combattre ou ne vont-ils qu'à la parade ? Impossible d'en rien savoir. Devinet-on du moins de quelles maisons ils sortent et en quels lieux ils sont ? Pas davantage. Ce fond d'architecture s'est obscurci sans doute avec le temps, il a poussé au noir, ou plutôt dès le premier jour il devait être énigmatique. Tout n'est-il pas problème dans cette œuvre ? Regardez bien : à quel moment l'action se passe-t-elle ? Est-ce la nuit, est-ce le jour ? Le nom traditionnel que porte le tableau veut que ce soit la nuit ; mais, pour un clair de lune, la lumière est bien vive, et si c'est le soleil, quelle clarté douteuse ! Seraient-ce des flambeaux ? Vous n'en voyez pas trace. L'énigme est donc partout. Prenez l'ensemble, descendez aux détails, interrogez figure par figure, vous n'en conclurez rien. Les expressions sont vives, animées, pittoresques, encore plus incertaines ; elles défient votre sagacité. Que fait là par exemple cette petite blonde qui se détache en clair, avec sa robe jaune, sur tous ces noirs pourpoints, seule figure de femme jetée dans ce tumulte ? Est-ce une naine, est-ce un enfant ? Se moque-t-elle de ses voisins ? en est-elle effrayée ? Le peintre a pris plaisir à ne pas vous le dire. Il veut vous intriguer à la façon d'Hoffmann, assaisonner la vie réelle d'ingrédients fantastiques, vous séduire et vous tourmenter. Son énigme est vivante ; comment ne pas s'y plaire ? Cette chaude peinture, ces mouvons reliefs, ces mystères de pinceau vous charment, vous captivent, vous retiendraient pendant des heures entières ; mais l'impossibilité de découvrir le sens, le vrai sens de tout cela, finit par vous causer comme un certain malaise, comme un léger vertige.

Quand vous en serez là, retournez-vous et regardez cette autre grande toile qui fait face à *la Ronde de nuit* ; vous passez brusquement d'un monde dans un autre : ne vous hâtez pas de juger. Souvenez-vous que vers la fin d'un bal, quand les bougies brûlent encore, bien qu'au dehors il fasse jour, si par hasard on vous ouvre un volet, si vous regardez dans la rue, les maisons, les arbres du voisinage prennent pour vous le plus étrange aspect, je ne sais quoi de blafard et de plat. C'est le soleil pourtant qui les éclaire ; c'est de la vérité ou jamais il n'en fut. La saillie, la couleur, les contours des objets, tout doit vous sembler juste et tout vous paraît faux. Vos yeux, prenez-y garde, se sont faussés eux-mêmes dans cette atmosphère de poussière et de lumières factices ; attendez quelque peu, ils reprendront goût à la vérité. C'est exactement là ce qu'il vous faut subir lorsqu'en tournant la tête vous vous trouvez en face de ce banquet et de tous ces convives d'humeur joyeuse et fière, assis à cette table si richement servie. Il fait grand jour, un jour sans équivoque, sans contrastes et sans repoussoirs ; or vous avez encore sur la rétine les teintes enfumées et les énigmes de Rembrandt. Cette simple clarté vous paraît un peu pâle, et ces figures vous semblent presque froides ; mais peu à peu votre vue se dégage, vous acceptez et bientôt vous aimez cette façon candide de présenter les choses. Vous vous plaisez à pénétrer dans ces physionomies lucides où tout se voit, où tout se lit. Pas le moindre mystère ; ce que le peintre pense, il le dit, il l'étale ; c'est clair, c'est net comme de la bonne prose. Quant au sujet, ne s'explique-t-il pas en quelque sorte de lui-même ? La seule question est de savoir pour quelle solennité patriotique ces hommes sont attablés, car à coup sûr ils ne célèbrent pas une simple fête de famille, ce n'est pas un repas ordinaire. Ces riches vêtements, ces galons, ces drapeaux, ces insignes à la fois militaires et civils, l'air de contentement, l'énergique assurance qui règnent sur ces visages, tout semble nous apprendre qu'un grand événement va s'accomplir pour la Hollande et que les chefs de la garde civique s'en réjouissent en commun. Et en effet il s'agit de la paix de Munster, de ce traité qui met fin à la guerre de trente ans, et qui, après soixante-dix ans d'efforts, fait pour la première fois accepter par l'Europe l'indépendance des Provinces-Unies. C'est le 18 juin 1648 que fut donné ce célèbre banquet, et van der Helst a daté son tableau de cette même année ; il l'a donc fait en quelques mois, véritable prodige quand on pense que ces vingt-cinq figures, de grandeur naturelle, sont autant de portraits étudiés sur nature, que ces portraits pour la plupart sont des merveilles d'exécution, et que tous les accessoires du tableau sont terminés et rendus avec un soin, une délicatesse et des perfections de détail dont les chefs-d'œuvre de chevalet peuvent seuls donner l'idée. On croit peut-être qu'un tel fini sur une telle échelle doit donner lieu à quelque sécheresse, que cette étude individuelle, cette série de personnages imposés à l'artiste et non choisis par lui sont à peu près incompatibles avec un grand effet d'ensemble, et qu'au lieu d'un tableau le peintre n'a pu faire qu'un faisceau de portraits agglomérés dans un seul cadre. Il n'en est rien ; pour moi du moins, l'unité, l'harmonie me semblent satisfaites dans cette radieuse peinture ; j'en aime les détails sans qu'ils absorbent mes regards, et la composition n'en est pas moins habile que la touche et que l'exécution. Ce n'est cependant pas une œuvre sans défauts, mais elle n'a qu'un tort grave et qu'un point vulnérable, c'est d'être ainsi placée en face de Rembrandt. Il faut, pour l'estimer à sa valeur, oublier tout à fait ce redoutable voisinage ; il faut se garder aussi d'un autre souvenir plus lointain, mais non moins dangereux, souvenir que cette longue table en travers du tableau, cette nappe, ce couvert, ces convives, risquent de réveiller en vous. Si vous alliez penser au sublime et divin cénacle de Sainte-Marie-des-Grâces à Milan, vous ne daigneriez plus jeter même un coup d'œil sur ce prosaïque banquet. Écartez tout cela, isolez-vous, ne demandez à van der Helst que ce qu'il entend vous donner. C'est de l'histoire, de la chronique, demi-bourgeoise, demi-guerrière ; c'est l'exacte expression, l'intelligent reflet des mœurs de son pays. À défaut de la Muse, il s'inspire du patriotisme. Voilà ces hardis commerçants qui tiendront tête à Louis XIV ; vous les voyez, ces loups de mer, vous leur parlez ; ils sont là en habits de gala, rudes et simples comme dans leurs comptoirs, comme sur leurs navires : que de bon sens, que d'énergie, quelle gravité, et au fond quel orgueil sous cette gaieté rubiconde ! Lorsque vos yeux se sont accoutumés au ton vrai, à l'accent naturel de cette peinture tempérée, lorsque l'esprit du peintre s'est emparé de vous et vous a comme identifiés à son œuvre et à ses personnages, ne tournez pas trop tôt la tête, car *la Ronde de nuit* pourrait bien à son tour vous causer un certain mécompte. Il faudra vous réaccoutumer à ce désordre poétique ; ces teintes chaleureuses vont vous sembler exagérées. En un mot, van der Helst prend sa revanche sur Rembrandt. Pour lui rendre mauvais service, il est au moins son égal : ce qui veut dire seulement que ces tableaux sont mal placés.

Et pourtant dans presque tous les *guides*, et même aussi dans de sérieux ouvrages, on cite comme une heureuse idée, comme une instructive antithèse, le contraste de ces deux grandes pages, d'aspect si différent, ainsi placées l'une en face de l'autre. Moins elles se ressemblent, dit-on, plus elles se font valoir. Je me permets d'être d'un sentiment absolument contraire, et je voudrais communiquer ma conviction aux directeurs du musée d'Amsterdam. Je sais qu'il y a prescription, que depuis cinquante ans ces tableaux sont ainsi placés, qu'on aime à respecter les habitudes du public ; mais n'a-t-on rien changé à l'intérieur de cette salle ? N'en a-t-on pas diminué la longueur ? Une cloison récente en a retranché près du tiers, et les tableaux par conséquent sont plus rapprochés qu'autrefois. Quand la distance était plus grande, l'inconvénient du vis-à-vis se faisait moins sentir. La distance équivaut à un isolement. Maintenant ils sont trop voisins pour qu'en passant de l'un à l'autre on ait le temps de changer d'impression. Peu s'en faut que d'un seul coup d'œil on ne les embrasse tous deux. Je voudrais qu'on fît l'expérience d'établir provisoirement quelque séparation, ne fût-ce qu'un rideau, et si chaque tableau venait à grandir ainsi dans l'estime des connaisseurs, on rendrait la séparation définitive en choisissant une autre salle pour y placer le van der Helst.

Certains contrastes, je le sais, ajoutent des beautés à certains objets d'art exposés face à face ; encore faut-il que ces contrastes aient quelque chose d'harmonieux. Ici c'est plus que de l'opposition, c'est de l'antipathie : chacun de ces deux tableaux fait ressortir trop violemment ce que l'autre n'a pas, pour qu'ils n'y perdent pas tous deux. Mais si nous écartons le van der Helst, que mettrons-nous à sa place ? Je ne vois que Rembrandt lui-même qui puisse soutenir le voisinage de Rembrandt. Justement, dans ce même musée, il est une autre de ses œuvres, moins grande que *la Ronde de nuit*, et cependant de taille à figurer en face d'elle : c'est le portrait des syndics de l'ancien Staalhof. Cinq marchands drapiers d'Amsterdam, les chefs de la corporation, sont en séance autour de leur bureau couvert d'un ample tapis rouge. Ils ont tous leur chapeau sur la tête, chapeaux de feutre à haute forme, à larges bords ; tous ils sont habillés de même : vêtements de drap noir, grand collet de chemise, uni et rabattu. Ils parlent et discutent, non sans vivacité. Un domestique, tête nue, est debout derrière eux. La salle est simplement meublée, et le décor en est seulement indiqué. Il n'y a là, comme on voit, rien de très poétique, rien de très pittoresque, et quant à la lumière, elle est franche et largement diffuse, sans mystère, sans apparente combinaison. Le peintre a dédaigné ses artifices ordinaires, et, sans autre secours que la pure vérité, il a fait, selon moi, son chef-d'œuvre. Cette conversation de cinq hommes d'affaires, où chaque interlocuteur soutient son rôle et nous fait presque entendre ses raisons et ses arguments, ce dialogue en relief est une page de Molière. C'est la vie même, et, au fond, comme une pointe d'ironie sur l'importance agitée de ces cinq personnages. Les caractères sont exprimés avec cette souplesse et cette netteté qui n'appartiennent en général qu'aux seuls dessinateurs, et c'est en même temps toute la fougue et tout l'entrain du plus puissant des coloristes. Il y a plus de jeunesse dans *la Ronde de nuit*, mais aussi plus d'écarts et plus d'exubérance. Ici la sève déborde encore, et de plus vous avez le fruit. Dix-neuf ans d'intervalle séparent les deux tableaux : l'un est de 1642, l'autre de 1661. Peut-être la distance est-elle encore plus grande, si vous mesurez les deux œuvres. La *Ronde* cependant étonne davantage et plaît plus à la foule. Aux yeux de la critique, les *Syndics* sont d'un autre ordre. On pourrait presque dire que, pour Rembrandt, c'est une *vierge de San Sisto*, le dernier terme de son art.

Dans la salle où ce chef-d'œuvre est aujourd'hui placé, on voit, en face, un grand et bon tableau qu'il écrase et qu'il humilie. Le peintre est Karel du Jardin ; le tableau représente encore un syndicat, les cinq chefs d'une autre compagnie. Si les *Syndics* de Rembrandt n'étaient plus là, ceux de Karel du Jardin prendraient une importance, un intérêt et même un coloris dont on n'a pas la moindre idée. C'est une peinture élégante, bien composée, pleine d'esprit, d'un ton vrai ; mais on la dirait délavée, blême, éteinte : elle a les pâles couleurs, grâce aux reflets formidables que lui lance son chaleureux voisin. Nous aurions donc tout à gagner en transportant les *Syndics* de Rembrandt en face de *la Ronde de nuit*, puisque d'abord pour Karel du Jardin ce serait une résurrection, et que Rembrandt lui-même, dans un plus grand espace, avec plus de reculée, produirait encore plus d'effet. Ajoutez que *la Ronde de nuit* n'aurait rien à souffrir de ces nouveau-venus : bien qu'éclairés d'une façon plus franche, ils sont de même race, et cet air de famille suffit pour tout harmoniser. Ce qui importe à *la Ronde de nuit*, c'est d'être délivrée de l'indiscrète vérité, de la clarté désespérante du grand *Banquet* de van der Helst.

Reste à choisir pour celui-ci une place plus favorable, loin des Rembrandt, dans une salle à part. Peut-être faudra-t-il faire exprès cette salle, et par exemple dans les combles du musée, en prenant la lumière d'en haut, seul mode d'éclairage admissible pour les grands tableaux. Le *Trippenhuis*, sur ce point, laisse, nous l'avons dit, beaucoup à désirer : on a peine à comprendre que cette ville d'Amsterdam, dont la gloire principale est la gloire de ses peintres, laisse leurs œuvres si mal logées et, pour tout dire, presque invisibles. Le profit serait double à séparer Rembrandt de van der Helst, puisqu'il faudrait, pour l'un des deux, créer une salle nouvelle, et que par occasion on remettrait probablement à neuf tout le second étage du musée. Jusque-là ni *la Ronde de nuit* ni *le Banquet* ne seront parfaitement connus.

J'en dis autant d'une autre grande toile, un des joyaux de la Hollande, reléguée maintenant dans la plus triste place, la plus basse, la plus mal éclairée. De même que les *Syndics* de Rembrandt me semblent seuls capables de faire face à *la Ronde de nuit*, de même ce second van der Helst serait le vis-à-vis naturel et obligé du célèbre *Banquet*. Postérieur de neuf ans, il est d'une exécution plus savante et plus parfaite encore ; il a plus de chaleur, le modelé en est plus puissant, la perspective plus profonde, sans que le rendu des détails soit pour cela moins merveilleux. C'est encore un groupe de portraits, et des portraits de syndics, mais des syndics de haut parage, vêtus de velours et de soie, les syndics des arbalétriers. Ils sont plus solennels de pose et de manières que leurs confrères du Staalhof : au lieu de parler tout simplement d'affaires, ils distribuent des prix, les prix du tir de l'arc, et se passent gravement de main en main les pièces d'orfèvrerie destinées aux vainqueurs. Ne reconnaît-on pas, à ce signalement, notre petit diamant du Louvre ? C'est le même sujet, ce sont les mêmes personnages : les variantes sont presque nulles, l'échelle seule diffère du tout au tout ; mais cela seul suffit pour établir entre les deux tableaux d'assez profondes différences. Le nôtre est la première pensée du peintre : il est daté de 1653, quatre ans plus tôt que celui d'Amsterdam ; il a les qualités de sa petite taille, il est surtout charmant, tandis que l'autre, bien qu'identique en apparence, est d'un tout autre caractère : il a l'ampleur et la noblesse qui conviennent à ses dimensions.

Je n'insisterai pas sur ces remaniements du musée d'Amsterdam que je me permets de demander. L'idée m'en est venue sur place ; je les croirais utiles, et si je les propose aux directeurs de ce précieux dépôt, c'est sur la foi de l'excellent *livret* que nous devons à leur sollicitude. Quand on aime assez les tableaux pour les décrire ainsi, on doit comprendre chez les autres l'envie de les bien voir. Cette notice, à mon avis, est un petit modèle, à la fois sobre et abondante, elle en dit assez, jamais trop. Chez nous aussi, on a fait récemment de louables efforts en ce genre, et je n'en voudrais pas médire : nos *livrets* sont maintenant remplis de détails biographiques d'un sérieux intérêt ; mais ce luxe d'érudition, contraint de se cacher sous une forme microscopique, est-il bien à sa place ? J'avoue que je préfère les documents modestes et le texte lisible du *livret* d'Amsterdam. J'y trouve avec plaisir un récolement exact des tableaux, des descriptions minutieuses mais complètes, sans mélange de conjectures et d'appréciations, des *fac-similé* de signatures, des faits enfin, rien que des faits. Ceux qui ont gratifié le public d'un si bon instrument d'étude ne lui refuseront pas, j'espère, un genre d'enseignement plus instructif encore, la vue des tableaux eux-mêmes, bien placés et bien éclairés.

Mais revenons à la *Distribution des prix* de van der Helst, ou plutôt à ces deux formes d'une même pensée, à la fois si semblables et si diverses. L'échelle d'un tableau est donc par elle-même quelque chose de considérable, quelque chose qui influe sur la nature du style. Ces démarcations matérielles dont on a souvent abusé, ces classifications des genres d'après la dimension des toiles ne sont donc, après tout, ni complètement fausses ni toujours arbitraires. S'il est quelques rares tableaux qui nous semblent immenses dans vingt centimètres carrés, s'il en est d'autres au contraire qui, sur d'immenses toiles, font l'effet de très petits tableaux, la vérité n'en est pas moins qu'en général, dans les arts du dessin, on ne s'élève à certaines hauteurs, à certain ordre d'idées, d'impressions et d'effets, qu'en donnant à la figure humaine sa grandeur naturelle. Aussi je ne puis m'étonner assez que ces artistes hollandais, ceux-là du moins qui avaient reçu le don de composer et de peindre autrement qu'en dimensions réduites, n'en aient pas fait un plus fréquent usage, et que, de parti-pris et non par impuissance, ils aient négligé ce moyen d'élever, d'élargir, de diversifier leur style. La liste des essais en ce genre, des toiles dépassant le patron ordinaire, n'est pas longue à dresser. Cinq ou six au musée d'Amsterdam [1], deux au musée de La Haye [2], voilà le compte exact de la grande peinture hollandaise, voilà ce qu'a laissé son âge d'or, le XVIIe siècle, non-seulement en Hollande, mais dans le monde entier. Quel singulier contraste avec la Flandre, qui, vers la même époque, ne se peuple que de grands tableaux, et qui voit son école prête à outrepasser les proportions de la nature plutôt qu'à rester en-deçà ! Le style décoratif est l'écueil de ses peintres : ils cherchent le grandiose et tombent dans l'enflure ; ils négligent, ils dédaignent les petites surfaces, et la peinture de chevalet tomberait presque en décri, surtout après la mort des Breughel, s'il ne lui survenait un vigoureux soutien, un de ces champions qui valent une armée, le plus piquant, le plus fécond des peintres. Téniers, en compagnie de tous ces grands Flamands, semble un enfant perdu, ou, pour mieux dire, un émigré ; il s'est trompé de patrie, c'est un Hollandais déplacé : non que par l'esprit et par la touche il ne procède de Rubens bien plus directement que de Terburg ou de Metsu ; non que dans sa gaieté il y ait la moindre trace soit des grimaces des Ostade, soit des trivialités de Jean Steen ; mais, tout Flamand qu'il est, il voit, comprend et mesure les choses à l'échelle hollandaise : son théâtre est brillant, son drame est plein de vie, mais il ne donne à ses acteurs que la taille de marionnettes.

D'où vient donc, je me le demande encore, d'où vient chez tous ces Hollandais, chez la nation comme chez les peintres, cette prédilection pour les petites toiles, cet amour de la nature réduite, de l'imitation en petit ? Les raisons que j'en ai données ont, je crois, leur valeur. L'exiguïté des habitations, exiguïté traditionnelle et presque nécessaire sur un sol si difficile à conquérir et à défendre, la nouvelle forme du gouvernement, les préjugés républicains, les habitudes commerciales, l'austérité de la vie de famille, les sévérités protestantes, la suppression des couvents, la transformation des églises, tout cela suffit assurément pour expliquer les dimensions démocratiques exclusivement affectées par la peinture hollandaise ; mais n'y a-t-il pas encore quelque raison cachée ? Si les peintres l'avaient bien voulu, les occasions leur essentielles manqué de produire de plus grandes œuvres et même d'en trouver l'emploi ? À défaut des églises, des couvents, des chapelles, à défaut de maisons assez considérables, de trumeaux assez larges pour y pendre de grands tableaux, n'y avait-il pas et des hôtels de ville et de vastes locaux où se réunissaient tant de nombreuses corporations ? Les exemples trop rares que nous avons cités, les coups d'essai de van der Helst et de Rembrandt ne démontrent-ils pas que, sans abandonner cette peinture de chevalet qui serait restée leur gloire, nos peintres hollandais pouvaient alors s'ouvrir une nouvelle voie, s'élever d'un degré, et se créer un genre original entre l'histoire et le simple portrait ? S'ils ne l'ont pas voulu, s'ils n'ont pas essayé davantage, j'en crois voir la raison, mais j'hésite à la dire. Quand on aime les gens, on craint de divulguer un de leurs gros défauts. Quel est donc ce secret ? Ils aimaient trop l'argent. Un certain goût de lucre naturel au pays, une sorte d'émanation de l'esprit commercial régnaient, à des degrés divers, dans tous ces ateliers. Or les petits tableaux avaient cet avantage, non-seulement de se placer partout, de convenir à tout le monde, d'être par conséquent un bon objet d'enchère, mais de se transporter à volonté, de voyager en tous pays et de remplir en quelque sorte le même rôle que la lettre de change, tandis que les grandes toiles, par leur destination spéciale, devenaient des valeurs mortes et immobilisées dont le prix relatif était nécessairement beaucoup moins rémunérateur.

On cherche de nos jours à disculper Rembrandt, à le laver de ces accusations de sordide avarice que de crédules historiens lui avaient prodiguées. Je crois qu'on a raison : on peut affirmer du moins que Rembrandt ne thésaurisait pas, puisqu'il est mort dans la misère. La passion des gravures, des statues, des tableaux, des armes, des costumes, lui fit faire des folies ; il s'endetta si bien que la vente de sa collection, faite de son vivant par autorité de justice, ne lui laissa pas de quoi vivre, pas même de quoi s'acheter un cercueil. Il n'en est pas moins vrai que dans le cours de sa vie il gagna des sommes prodigieuses, et ne cessa d'évaluer à poids d'or chaque minute de son temps. Or je suppose qu'après avoir reçu le prix de sa *Ronde de nuit*, si bien payée qu'elle pût être, il dut se dire que dans les heures passées à couvrir cette toile il aurait peint trois ou quatre portraits, deux ou trois intérieurs, autant de paysages, et qu'ainsi, tout bien compté, il avait fait un très mauvais marché. Faut-il donc s'étonner qu'il en soit resté là ? Peut-être aussi les vrais coupables sont-ils ces magistrats, ces syndics, qui n'auront pas stimulé par assez de largesses le dévouement des peintres. Quelle qu'en soit après tout la véritable cause, une chose certaine, c'est la rareté de ce genre de chefs-d'œuvre dont on serait aujourd'hui si jaloux. S'en est-il égaré quelques-uns ? En existerait-il en d'autres lieux que la Hollande ? Rien n'autorise à le penser. Propriété d'associations publiques, ces sortes de tableaux ont eu depuis leur origine ce qu'on peut appeler une histoire : la disparition en eût été signalée.

Il est donc très probable que la Hollande possède encore tout ce que ses peintres ont tenté en ce genre : d'où je conclus, comme au début de cette étude, qu'il faut ou renoncer à connaître sous tous ses aspects et à tous ses étages la peinture hollandaise, ou que c'est en Hollande qu'il la faut étudier.

En peut-on dire autant dès qu'il n'est plus question que des petits tableaux, c'est-à-dire, à proprement parler, de l'école hollandaise tout entière ? Franchement non. Cette aptitude à voyager, ces dimensions portatives et commerciales, le charme cosmopolite que donnent à ces peintures les séductions de la couleur et la finesse du pinceau, tout semblait les prédestiner à sortir peu à peu de Hollande. Dès l'origine de l'école et du vivant de ses fondateurs, cette exportation commençait. Il y a plus d'un musée, même plus d'un cabinet en Europe, dont les tableaux hollandais furent acquis en partie au XVIIe siècle, au moment même où ils venaient d'être faits ; mais ce courant extérieur n'était pas encore si rapide qu'à l'intérieur on dût s'en ressentir. La Hollande, à vrai dire, regorgeait alors de tableaux, tant la production en était incessante et comme surexcitée par le goût national. Rien ne peut donner juste idée de cet amour de la peinture chez un peuple si froid, si grave, et en apparence si peu fait pour les arts. On aurait compté les familles, même parmi les plus modestes, qui n'avaient pas alors quelques tableaux, et quiconque faisait fortune mettait son premier luxe et sa suprême ambition à se faire un cabinet. C'était en ce temps-là qu'il fallait voyager en Hollande ! mais aujourd'hui tout est changé : depuis un quart de siècle, les prix extraordinaires que ces tableaux obtiennent en tout pays les ont fait sortir des retraites qui les avaient si longtemps abrités. On a vu peu à peu les cabinets se dégarnir, puis disparaître tout à fait. La galerie du souverain lui-même, ensemble exquis, collection superfine, s'est dispersée comme les autres, et maintenant c'est à qui fouillera les plus humbles demeures pour y surprendre un chef-d'œuvre isolé. Çà et là cependant vous retrouvez encore quelques débris de collections ; il en est même qui se forment et qui peut-être grandiront ; puis enfin, comme consolation, comme garantie d'avenir, vous avez deux grands dépôts publics, les musées d'Amsterdam et de La Haye, que personne, jusqu'à présent du moins, ne parle de livrer à la spéculation. Ces deux musées sont vraiment riches. Les maîtres principaux y figurent dignement, sans qu'aucun d'eux ait à rougir des œuvres qu'on lui attribue, et l'étude attentive de ces morceaux d'élite suffirait pour vous initier aux variétés et aux richesses de l'école hollandaise. Mais dirai-je que ce genre de service ne vous serait rendu par aucune autre galerie ? qu'il y ait là quelque chose de tout particulier, sans équivalent nulle part ? qu'à Dresde, par exemple, en mettant même de côté et Paris et Madrid, et Vienne et Saint-Pétersbourg, qu'à Dresde, pour étudier à fond les maîtres hollandais, il n'y ait pas des ressources encore plus abondantes, plus de choix, quelques pièces plus rares et plus distinguées ? Les Hollandais eux-mêmes ne le voudraient pas dire. Ce qui est unique, hors ligne, incomparable dans leurs musées, surtout dans celui d'Amsterdam, ce sont les grandes toiles. Quant aux petites, elles sont en général de la plus fine qualité ; les moins bonnes ne sont pas médiocres ; ce sont des perles d'un grand prix, mais non pas des trésors introuvables.

Voici au contraire quelque chose qu'aucun autre pays ne pourra vous offrir. Parmi ces anciennes familles qui, par ostentation ou par goût éclairé des arts, fondèrent, il y a deux siècles, à Amsterdam, ces galeries particulières, aujourd'hui disparues, supposez qu'on puisse en citer une où l'héritage paternel se soit, par grand hasard, religieusement conservé, et survive dans son premier état ; supposez qu'on s'engage à vous montrer dans leurs vieux cadres et presqu'aux mêmes places où l'ancien possesseur les avait suspendus, des tableaux faits pour lui, sous ses yeux, avec des soins particuliers et dans des conditions à peu près sans exemple, par les maîtres les plus célèbres de son temps, à la fois ses clients et ses amis, ne penserez-vous pas qu'on abuse de votre crédulité ?

Eh bien ! ce n'est point un rêve : cette famille existe ; en insistant un peu, vous pourrez voir sa collection, ou plutôt vous en verrez deux, car l'ancien cabinet du bourgmestre Six, du protecteur, de l'ami dont si souvent Rembrandt a reproduit les traits, tantôt par le pinceau, tantôt par la gravure, ce cabinet s'est divisé par succession entre deux branches de la famille ; une moitié porte encore le nom du fondateur, elle appartient à M. Six ; l'autre à M. van Loon.

Dans les deux collections, tout ne vient pas de l'ancien bourgmestre, tout n'est pas de son temps. Chemin faisant, depuis deux siècles, sa galerie s'est enrichie. Il y a des additions dont il eût été fier, d'autres qu'il n'eût point faites, mais c'est le petit nombre. Au reste, le vieux fonds se distingue sans peine. Chez M. van Loon, une des salles, la salle *aux cadres noirs*, aux cadres primitifs, ne contient que de purs trésors provenant du bourgmestre. Il y a là un grand Philips Wouverman de 1656, le meilleur temps de ce maître élégant, tableau d'une dimension que rarement il aborde, et qui dépasse à mon avis tout ce qu'il a jamais fait de plus brillant et de plus cavalier. Plus loin je vois un Ostade, de taille peu commune aussi, qui me réconcilie avec ses personnages et son grotesque de convention, grâce à un certain fond de paysage d'un charme incomparable. Je ne parle ni d'un délicieux Metsu, ni de la gracieuse *Partie de cartes* de Terburg que j'aperçois dans une autre salle, ni de ce Both splendide et tout à fait hors ligne, ni de ces grands portraits de la jeunesse de Rembrandt, ni de huit ou dix autres pages qui, dans les musées les plus riches, auraient une place d'honneur. Je crains les énumérations et fais grâce au lecteur de mes notes de voyage. Ce ne sera pourtant pas sans avoir dit un mot, ne fût-ce que par équité, de l'autre moitié de l'héritage. Ceux qui ont fait les lots avaient l'œil juste assurément ; de part et d'autre, les chefs-d'œuvre sont si bien compensés qu'on aurait grand'peine à choisir. Dans un local d'arrangement plus moderne et sous un jour plus vif, un joui' venant d'en haut, la collection de M. Six nous montre aussi des morceaux excellents de Rembrandt, de Terburg, de Jean Both, d'Ostade, de Wouverman ; ajoutez-y Ruysdaël et surtout Albert Cuyp. Deux charmants petits pâturages de ce merveilleux maître, de ce peintre universel, deux effets lumineux, bien connus par la gravure, sont chez M. van Loon. Chez M. Six, il y en a deux aussi, mais de première importance et par la qualité et par les proportions. La *marine* surtout, grand effet de soleil, est une œuvre vraiment capitale. C'est quelque chose de si franchement beau qu'une belle marine de Cuyp ! Pour en trouver d'égales à celle-ci, je ne vois qu'un moyen, c'est de passer en Angleterre, car les Anglais sont les premiers qui dans le dernier siècle, par je ne sais quel instinct d'hommes de mer, se mirent à accaparer et à faire monter de prix les œuvres de ce peintre méconnu de ses contemporains. Seul de sa génération peut-être, Cuyp mourut presque de faim en faisant des chefs-d'œuvre. La mode lui reprochait de négliger sa touche, de n'avoir pas un assez beau fini, et cela parce qu'avec un art suprême et un discernement exquis il s'arrêtait juste au moment où le travail risquait de compromettre la vérité, où finir davantage c'eût été refroidir, où l'œuvre du sentiment se fût changée en œuvre de patience. L'obstination de Cuyp à peindre avec largeur, sans aiguiser son pinceau, sans se jeter non plus dans les audaces à la Rembrandt, cet entêtement stoïque qu'il soutint pendant quarante ans aux dépens de sa bourse et de sa renommée, par conviction d'artiste, par pur amour du vrai, c'est en son genre quelque chose d'aussi beau que les vingt-cinq premières années de la carrière de M. Ingres. Mais le pauvre Albert Cuyp est mort sans avoir vu le jour de la réparation, sans goûter et sans même entrevoir cette gloire tardive et sûre dont M. Ingres, grâce à Dieu, est maintenant en possession.

Dussiez-vous, dans la collection Six, ne pas voir autre chose que ce grand Albert Cuyp, et chez M. van Loon ne pénétrer, pour un instant, que dans la salle *aux cadres noirs*, vous seriez payé de vos peines. Surtout ne l'oubliez pas, il vous faut insister. N'en croyez pas vos guides, ils vous détourneront de frapper à ces deux portes ; c'est en dehors de leur tournée, et je connais des voyageurs, se piquant de bien voir, qui sont partis d'Amsterdam sans avoir même entendu dire qu'il y avait par la ville de telles raretés.

Après tout, mettons la chose au pis : vous aussi, vous n'aurez pu voir ni les tableaux de M. Six, ni ceux de M. van Loon, ni la galerie van der Hoop, léguée récemment à la ville, ni d'autres cabinets d'une moindre valeur, mais encore riches en bons tableaux. Je vais plus loin : les portes du musée lui-même vous seront brutalement fermées pour cause de vacance ou de réparation ; à La Haye, à Dordrecht, à Rotterdam, vous aurez même sort ; vous quitterez donc la Hollande sans avoir vu un seul tableau : eh bien ! vous n'en aurez pas moins fait un progrès immense dans l'art de sentir, de goûter, de classer sainement la peinture hollandaise, car vous aurez vu le pays, vous en aurez saisi l'aspect, le caractère, les singularités ; vous ne jugerez plus seulement sur parole de la fidélité de ses portraits. Si rapide que vous l'ayez fait, votre voyage vous donnera d'abord un franc dégoût de ces prétendues merveilles du pinceau hollandais devant lesquelles nos pères se pâmaient d'enthousiasme il y a quarante ou cinquante ans, et qu'ils payaient à si grand prix. La décadence raffinée, qui commence au dernier des Miéris et qui aboutit d'une part aux visages de cire, aux carnations d'ivoire du chevalier van der Werf, de l'autre aux mythologiques fadeurs de Gérard de Layresse, il suffit de trois jours en Hollande pour vous en guérir à jamais. Vous n'aimerez, vous ne pourrez plus voir que les peintres de la grande époque, et même encore, dans ce XVIIe siècle, garderez-vous toutes vos affections ? Que ferez-vous de ces maîtres qui se sont laissé prendre au soleil d'Italie, désertant leurs *polders*, leurs dunes, leurs canaux ? Ils vous plairont encore, mais comme des virtuoses sans foi, sans conviction, sorte de *condottieri* pittoresques qui prennent du service chez un maître étranger. Il y a là pourtant de beaux noms et d'exquises palettes ; ce n'est pas seulement Asselyn, Breemberg, Pinacker, Lingelback, c'est Jean Both et Berghem, c'est Karel du Jardin, c'est Wouverman aussi, qui s'en va peindre au loin ses riches cavalcades, ses beaux seigneurs empanachés. Sans doute ils sont charmants ces déserteurs, mais quelle différence avec les vrais enfants de la Hollande, avec ceux qui ne l'ont point quittée, qui l'aiment uniquement et se donnent à elle tout entiers, avec Paul Potter et Albert Guyp, avec Ruysdaël et Hobbema, avec Metsu, Terburg, Wynants, Peter de Hoogh, van der Heyden ! Voilà des hommes bien divers et de rangs inégaux, mais tous également sincères, également convaincus ; tous ils se vivifient par le patriotisme. Chez eux, point de compromis ; rien d'indécis, rien de bâtard : aussi quelle vérité, quelle force, quelle puissance ! La peinture hollandaise ainsi comprise n'est plus un jeu d'enfants, une œuvre de dextérité, une sorte de chinoiserie : c'est de l'art grand et fort, de l'art qui touche, émeut et parfois même élève l'âme.

Expliquons-nous pourtant : n'oublions pas, dans notre admiration, l'éternelle hiérarchie qui règle, quoi qu'on fasse, le domaine de l'art.

Si jamais vous entrez dans le musée d'Anvers, vous verrez, au milieu de la galerie principale, sur la gauche, un tableau qui, parmi les merveilles flamandes et hollandaises exposées à l'entour, vous frappera d'abord par un air étranger. Sans avoir en lui-même rien de très séduisant, ce tableau vous attire : il vous paraît plus imposant, plus noble, presque d'une autre race que les autres ; il semble les dominer. Quel est-il donc ? C'est un Titien, non pas même de premier ordre, un tableau qui, dans sa patrie, pourrait bien, à son tour, paraître prosaïque devant la moindre toile de

Léonard ou de Sanzio. Si malgré sa faiblesse il se soutient ainsi entre tous ces chefs-d'œuvre, il y a donc en lui quelque chose qui n'est pas en eux ? Ce quelque chose, c'est le style, c'est un certain reflet de la flamme idéale, un imparfait rayon de céleste beauté devant lequel pâlit la plus parfaite image des beautés de ce monde.

Notes

1. J'en compte six, parce qu'il est juste d'ajouter aux deux Rembrandt, aux deux van der Helst et au Karel du Jardin, un grand Govaert Flinck, exécuté comme le Banquet de van der Helst en commémoration de la paix de Munster. Quant aux Corncliszen de Harlem et autres peintres du XVIe siècle, je n'en parle pas, puisqu'ils sont antérieurs à l'art hollandais proprement dit.

2. De ces deux tableaux du musée de La Haye, l'un n'est pas beaucoup plus grand qu'un grand tableau de chevalet ; mais je le cite parce que les figures, vues, il est vrai, seulement à mi-corps, sont de grandeur naturelle. C'est le chef-d'œuvre de la jeunesse de Rembrandt, une scène peu attrayante et pourtant justement célèbre, la Leçon d'anatomie. L'autre tableau est une tentative que le succès absout sans qu'on doive en recommander l'exemple. C'est l'application du principe de la grandeur naturelle non plus à l'homme seulement, mais aux bestiaux. Pendant que ses compatriotes se faisaient tant prier pour donner à l'espèce humaine sa grandeur véritable, Paul Potter s'amusait à rendre cet hommage aux vaches et aux taureaux. À mesure qu'on descend dans l'échelle des êtres, la grandeur naturelle devient moins nécessaire. Appliquée aux arbres et aux rochers, elle serait absurde et impossible. Pour le règne animal lui-même, l'homme excepté, elle est d'une utilité et d'un effet très contestables ; mais Paul Potter n'en a pas moins fait un merveilleux chef-d'œuvre.

ISBN : 978-1976289194

www.ingramcontent.com/pod-product-compliance
Lightning Source LLC
Chambersburg PA
CBHW071216240526
45470CB00018B/2055